8° S
1866

AF620235

COURS

DE

MINÉRALOGIE

A L'USAGE DES

ÉLÈVES DES ÉCOLES D'AGRICULTURE

PAR

M. Albert ROUSSILLE

Professeur à l'École nationale d'Agriculture

DE GRIGNON

SECONDE ÉDITION

PARIS

L. LAROSE, LIBRAIRE-ÉDITEUR

22, RUE SOUFFLOT, 22

1880

COURS

DE

MINÉRALOGIE

BIBLIOTHÈQUE NATIONALE R.F. IMPRIMÉS

IMPRIMERIE
CONTANT-LAGUERRE
LVX VITAM
BAR-LE-DUC

COURS

DE

MINÉRALOGIE

A L'USAGE DES

ÉLÈVES DES ÉCOLES D'AGRICULTURE

PAR

M. Albert ROUSSILLE

Professeur à l'École nationale d'Agriculture

DE GRIGNON

SECONDE ÉDITION

PARIS

L. LAROSE, LIBRAIRE-ÉDITEUR

22, RUE SOUFFLOT, 22

1880

©

PRÉFACE.

Les bons traités de minéralogie ne manquent pas, il y aurait une rare témérité, de la part de l'auteur de ce petit ouvrage, à entreprendre de faire mieux que des savants tels que MM. Descloizeaux, Pisani, Leymerie, etc.; le but poursuivi est plus modeste.

Mettre la minéralogie à la portée des élèves des écoles d'agriculture, des cultivateurs, des propriétaires, de tous ceux dont le travail ou les intérêts sont tournés vers la terre arable, est l'objet des quelques leçons qui suivent.

La cristallographie, les propriétés optiques qui jouent un rôle si important dans la détermination scientifique des espèces minérales, exigent des connaissances et des appareils peu à la portée de la plupart de ceux auxquels ce livre est destiné. Ces notions si importantes ont donc dû être presque entièrement négligées pour faire une place plus large à la détermination des densités, de la dureté, de la fusibilité et de la composition chimique qui ne demande que des appareils et des réactifs simples, peu coûteux et d'un maniement relativement facile. L'étude du *facies* facilite aussi singulièrement la détermination des minéraux; elle tient également une place importante dans la description des espèces.

Les espèces minérales, isolées ou réunies en petit nombre, forment les roches; celles-ci sont aussi très-utiles à connaître, car par suite de leurs altérations par les agents atmosphériques, par l'eau, par le mouvement, quelle que soit son origine, ces roches donnent naissance aux terrains autochthones, lorsque la décomposition se fait sur place, et aux terrains hétérochthones lorsque les débris de cette décomposition se déposent loin de leur lieu d'origine.

En déterminant la nature des roches ou des espèces minérales qui ont donné naissance à un terrain agricole on peut en connaître les défauts et les qualités, partant savoir à quelles autres roches il faudra s'adresser pour corriger les premiers et compléter les dernières.

L'accueil bienveillant fait à la première édition de ce petit traité a encouragé l'auteur à publier cette seconde, soigneusement revue et augmentée.

La notation atomique avait été seule employée dans la première édition pour formuler la composition des espèces minérales, l'auteur a cru devoir ajouter, dans cette seconde, la notation équivalente, parce qu'en France elle est restée en usage dans un grand nombre d'établissements d'instruction. Ce livre se trouve ainsi mieux à la portée de tous.

Albert ROUSSILLE.

8 juillet 1880.

COURS

DE

MINÉRALOGIE

DÉFINITIONS.

La **Minéralogie** est l'étude des substances inorganiques naturelles ou des matériaux variés qui composent les grandes masses minérales constituant elles-mêmes, par leur réunion et leur superposition, l'écorce solide du globe.

On donne les noms de :

Minéraux, aux substances naturelles que l'on trouve dans le sein de la terre.

Minerais, aux minéraux qui contiennent une assez grande quantité d'un métal sous un état tel qu'on puisse l'extraire par les procédés usités en métallurgie.

Mine a la même acception, mais d'une manière plus générale.

Les diverses substances minérales naturelles affectent, lors de leur production, des formes variées mais régulières, analogues à celles qui prennent naissance dans les dissolutions que nous faisons en chimie, elles cristallisent et se trouvent quelquefois, dans la nature, en cristaux bien formés, bien complets.

Comme chaque substance minérale a un mode de cristallisation qui lui est propre ; on peut, par la détermination des cristaux, distinguer un certain nombre de minéraux qui ne présentent pas de caractères distinctifs autres. Aussi la **Cristallographie** constitue-t-elle une partie importante de l'étude de la minéralogie.

Les agriculteurs ont rarement affaire à des substances cristallisées, nous bornerons donc cette étude aux notions fondamentales.

CRISTALLOGRAPHIE.

On appelle **Cristal** un polyèdre convexe terminé par des faces planes.

Le nombre des formes cristallines est très-considérable, mais on peut le réduire à six **types** ou formes parallélipipédiques, appelés systèmes cristallins.

Traçons un parallélipipède, joignons le milieu des faces opposées, les trois lignes ainsi menées (fig. 1) se coupent au centre du solide, elle en sont les **axes**; si elles sont données, le solide est, par cela même, donné, puisque pour le construire il suffit de mener, par les extrémités de chaque droite, deux plans parallèles au plan déterminé par les deux autres droites.

A divers parallélipipèdes nous pouvons donc substituer divers systèmes d'axes.

Les six systèmes d'axes correspondant aux six parallélipipèdes pris pour types des six formes fondamentales sont compris dans ce tableau.

Axes Rectangulaires :

3 axes égaux (*cube*). . . . . 1er système;
2 axes égaux, le 3e inégal (*prisme droit à base carrée*) . . . . 2e système;

3 axes inégaux (*prisme droit à base rectangle*) . . . . 3e système.

Axes Obliques :

3 axes égaux (*Rhomboëdre*). . . . . . 4e système;
2 axes égaux, le 3e inégal (*prisme Rhomboïdal oblique*). . . . . . . 5e système;
3 axes inégaux (*prisme oblique à base parallélogramme*). . . . . 6e système.

Les procédés de déformation de ces six types fondamentaux ou **formes primitives** sont au nombre de trois :

1° Les **troncatures**; 2° les **biseaux**; 3° les **pointements.**

Tout parallélipipède est délimité par des faces, des arêtes et des angles.

Un plan parallèle à l'arête de la forme primitive vient trancher (tronquer) cette arête B et y substituer une face plane *aaaa*, la face ainsi surajoutée à la forme primitive est dite face de **troncature sur arête** (fig. 2).

Un plan vient à tronquer un angle A de la forme primitive et substituer à ce sommet une face triangulaire *aaa*, la face ainsi ajoutée ou substituée est dite **face de troncature sur angle** (fig. 3).

Deux plans, tous deux parallèles à une arête B de la forme primitive et symétriquement placés par rapport à cette arête, viennent la trancher simultanément et lui substituer un dièdre *b* plus obtus que le primitif; la modification est dite **biseau sur arête** (fig. 4).

Deux plans symétriquement placés par rapport à un plan diagonal de la forme primitive viennent à la fois trancher le sommet d'un angle A de cette forme et lui substituer deux faces triangulaires *aaaaa*, la modification est dite **biseau sur angle** (fig. 5).

Trois plans viennent à la fois enlever un angle A de la forme primitive et lui substituer une pyramide à trois faces surbaissée *aaaa*, la modification est dite **pointement triple** (fig. 6).

Six plans viennent à la fois enlever un angle A de la forme primitive et lui substituer une pyramide à six faces surbaissée *aaaaaaa*, la modification est dite **pointement sextuple** (fig. 7).

La loi qui régit ces modifications peut se formuler ainsi :

La modification (troncature, biseau ou pointement) qui affecte un élément de la forme primitive (angle ou arête) affecte en même temps et de la même manière tous les autres éléments de même espèce de cette forme et n'affecte pas ou affecte d'une manière différente les éléments d'espèce différente.

Les éléments de même espèce sont ceux qui sont placés symétriquement par rapport aux axes.

En appliquant cette règle aux divers systèmes, on arrive aux résultats suivants :

1° Système Cubique.

Les trois axes étant rectangulaires et égaux, il en résulte (fig. 8) :

Six faces P,
Huit angles A,
Douze arêtes B.

Si un angle est modifié, par simple troncature ou par pointement triple ou sextuple, tous le sont à la fois.

La simple troncature peut donner naissance à la pyramide à quatre faces et à l'octaëdre régulier.

Si une arête est modifiée, par biseau ou troncature, toutes le sont à la fois.

Donc deux espèces seulement de modifications possibles, sur les angles et sur les arêtes.

Parmi les formes dérivées du cube il faut encore citer le trapézoëdre qui a 24 faces, l'octaëdre pyramidé qui a également 24 faces, le scalénoëdre qui en a 48.

Le dodécaëdre rhomboïdal qui en a 12, le cube pyramidé qui en a 24.

2° Système du prisme droit à base carrée.

Le parallélipipède ayant deux axes égaux et un troisième inégal, tous trois rectangulaires, il en résulte (fig. 9) :

2 faces de base P,
4 faces de pans M,
8 angles A,
8 arêtes basiques B,
4 arêtes de pans H;

d'où trois espèces de modifications possibles, soit sur les angles A, soit sur les arêtes B, soit sur les arêtes H.

Parmi les formes dérivées il faut citer l'octaëdre à base carrée qui a 8 faces, le dioctaëdre qui en a 16.

3° Système du prisme droit à base rectangle ou système hexagonal.

Le parallélipipède primitif ayant trois axes rectangulaires inégaux, il en résulte que ses éléments sont (fig. 10) :

2 faces de base P,
4 faces de pans M,
4 angles A dans un plan diagonal,
4 angles E dans l'autre plan diagonal,
8 arêtes basiques B,
2 arêtes H joignant AA,
2 arêtes G joignant EE;

on prend encore pour forme fondamentale de ce système un prisme hexagonal régulier (fig. 11) dont les éléments sont :

2 faces basiques P,
6 faces de pans M,

12 arêtes basiques B,
6 arêtes verticales H;
d'où cinq espèces de modifications possibles, soit sur les angles A et E, soit sur les arêtes B, H et G.

Parmi les formes dérivées, il faut citer le déhexaèdre qui a 12 faces et le didodécaèdre qui en a 24.

4° Système du Rhomboèdre ou Rhomboèdrique.

Le parallélipipède ayant ses trois axes obliques égaux, il en résulte que ses éléments sont (fig. 12) :

6 faces P,
2 angles culminants A,
6 angles latéraux E,
6 arêtes culminantes B joignant les angles A et E,
6 arêtes latérales D joignant les angles E entre eux;

d'où quatre espèces de modifications possibles sur les angles A ou E et sur les arêtes B ou D.

5° Système du prisme oblique à base rectangle ou Rhomboïdal oblique — clinorhombique.

Des trois axes obliques deux étant égaux et le troisième inégal, il en résulte que les éléments sont (fig. 13) :

2 faces de base P,
4 faces de pans M,
2 angles sommets aigus A,

2 angles sommets obtus O,
4 angles latéraux E,
4 arêtes B basiques joignant A,
4 arêtes D basiques joignant O,
2 arêtes de pans H joignant A et O,
2 arêtes de pans G joignant E et E;

d'où sept espèces de modifications possibles.

6° Système du prisme oblique à base parallélogramme — anorthique — bioblique — dissymétrique.

Les trois axes obliques étant inégaux, il en résulte que les éléments sont (fig. 14) :

2 faces basiques P,
2 faces de pans M,
2 faces de pans T,
2 angles A,
2 angles E,
2 angles O,
2 angles I,
2 arêtes basiques B joignant A E,
2 arêtes basiques C joignant A I,
2 arêtes basiques D joignant E O,
2 arêtes basiques F joignant O I,
2 arêtes de pans G joignant E I,
2 arêtes de pans H joignant A O;

d'où dix espèces de modifications possibles.

Il existe une exception importante à la loi de symétrie, c'est l'hémiëdrie.

On dit qu'un cristal est hémiëdre, lorsque les modifications qui, d'après la loi de symétrie, devraient affecter tous les éléments de même nature ne portent que sur la moitié seulement.

Quelquefois des cristaux appartenant surtout aux troisième et quatrième système cristallin possèdent un genre d'hémiëdrie qui consiste en ce que l'une des extrémités du cristal est formée par des faces qui ne se retrouvent pas à l'autre extrémité; on les dit hémimorphes.

Notation des formes dérivées.

Pour les formes dérivées du type principal, on est dans l'habitude de représenter toutes les modifications apportées à un élément quelconque par la même lettre qui indiquait cet élément dans la forme primitive; mais au lieu de majuscules on emploie des minuscules munies d'exposants; c'est ainsi que les faces de l'octaëdre régulier, dérivant du cube par simple troncature des angles A, sont notées a^1; les faces du dodécaëdre rhomboïdal dérivant également du cube, par simple troncature des arêtes B, sont notées b^1 — de même un cube dont toutes les arêtes portent une simple troncature voit les nouvelles faces ainsi produites prendre la notation b^1, tandis que ce qui reste des six faces primitives porte toujours la notation P.

Fig. 1.

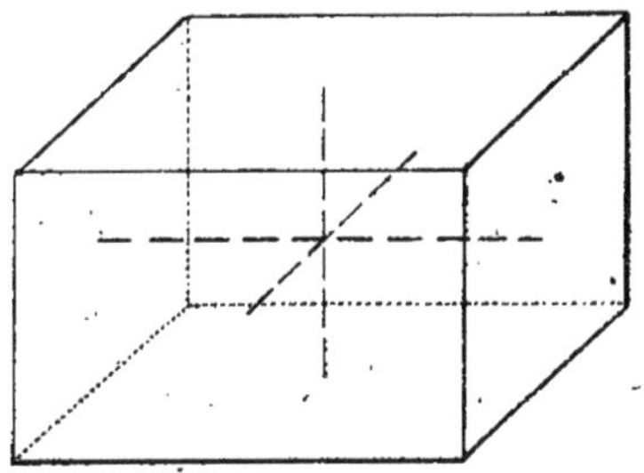

Fig. 2.

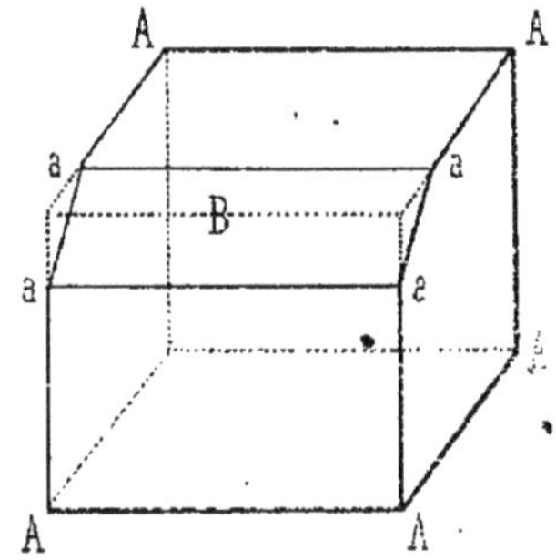

Fig. 3.

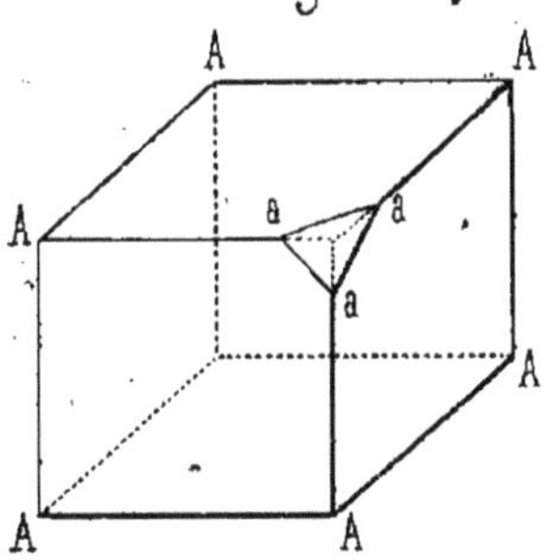

Fig. 4.

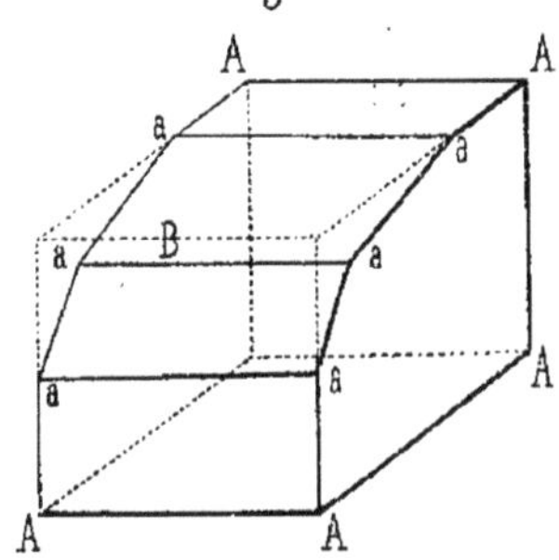

Fig. 5.

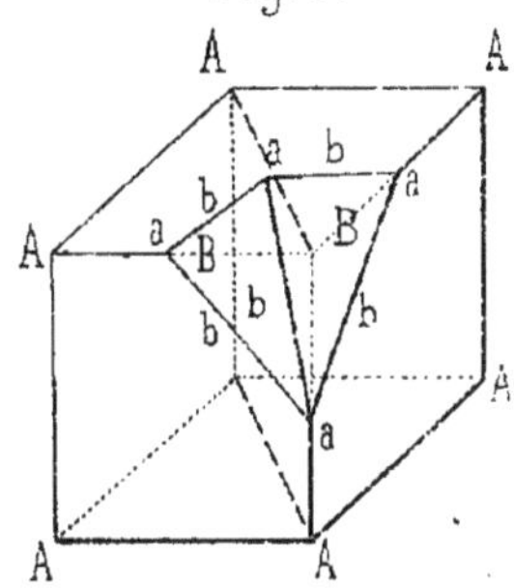

Fig. 6.

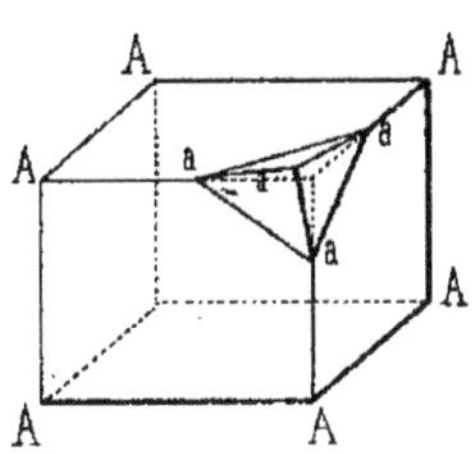

Fig. 7.

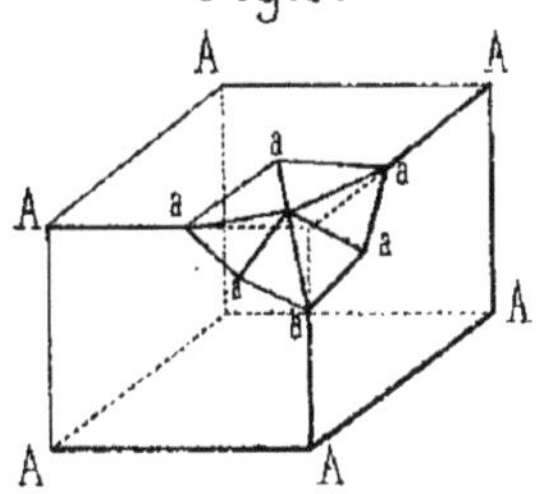

Fig. 8.

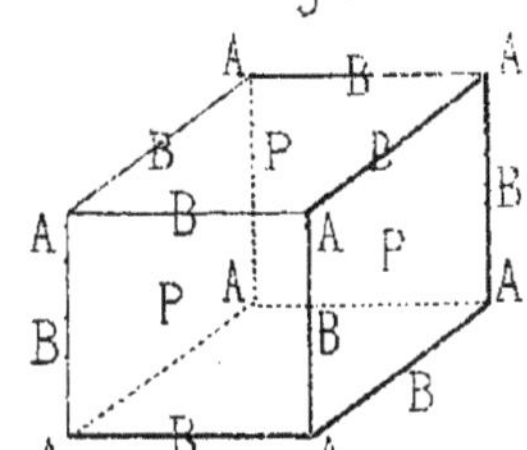

Fig. 9.

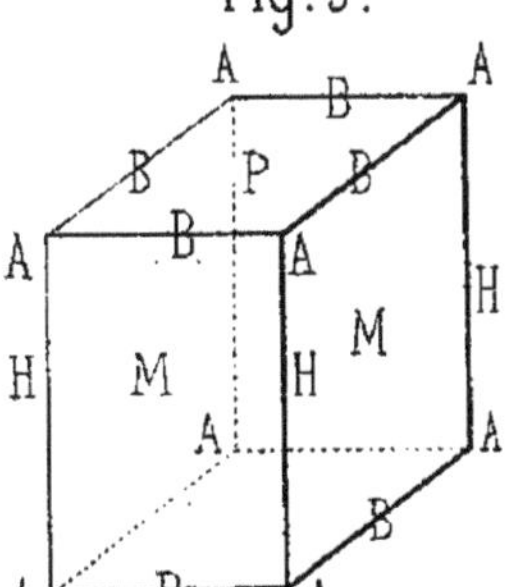

Fig. 10.

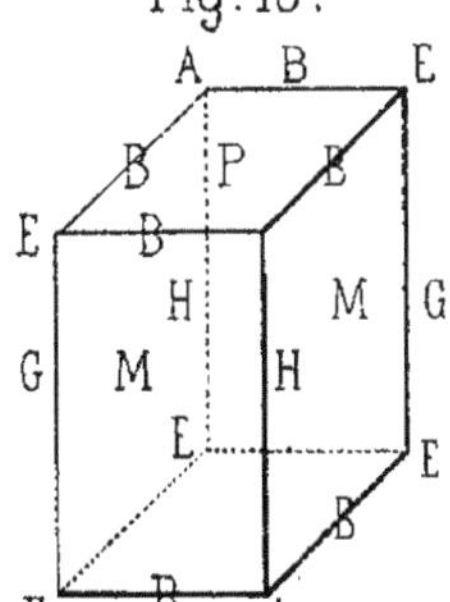

Fig. 11.

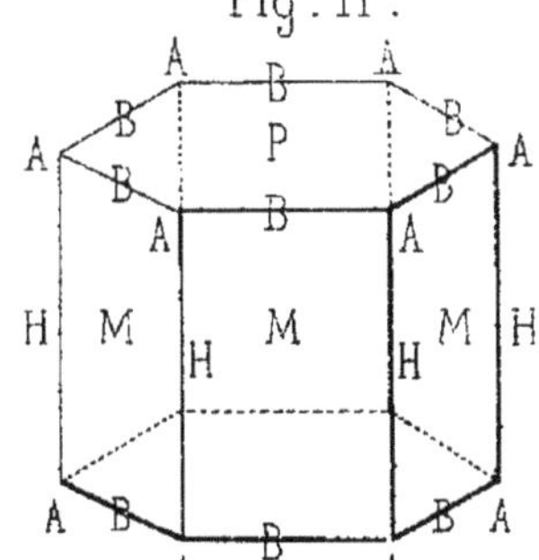

Fig. 12.

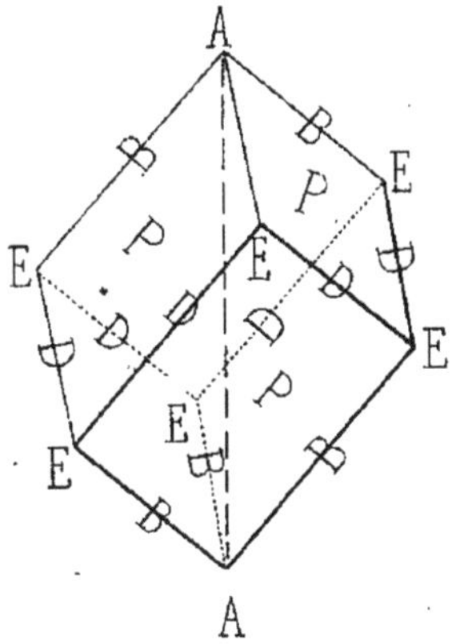

Fig. 13.

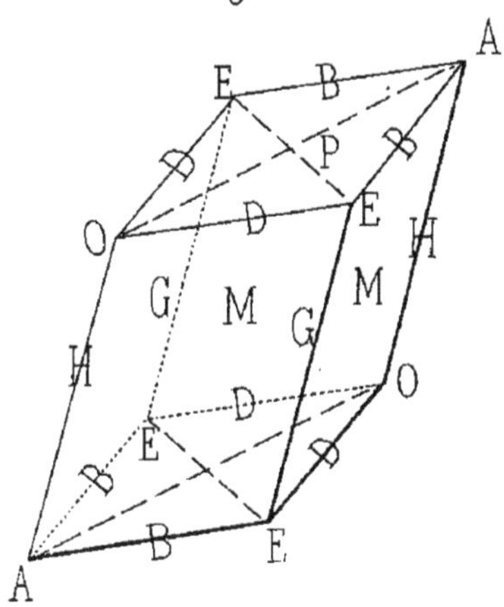

Fig. 14.

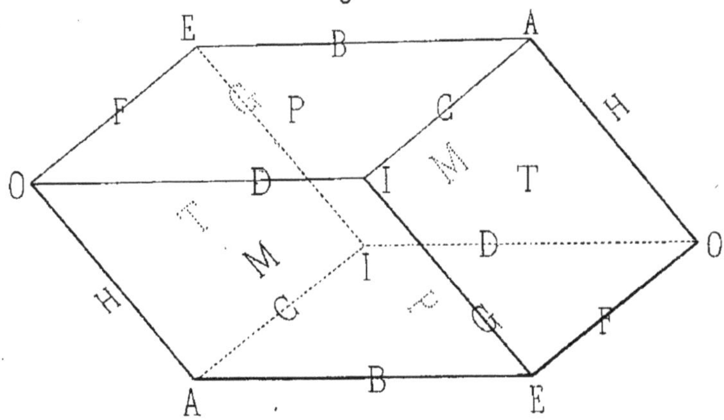

Fig. 15.

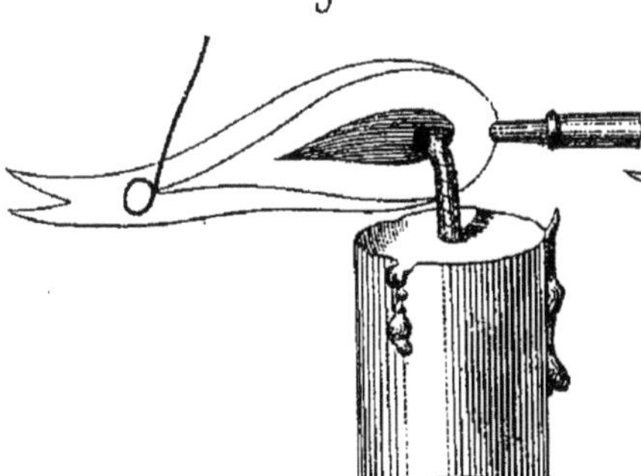

Fig. 16.

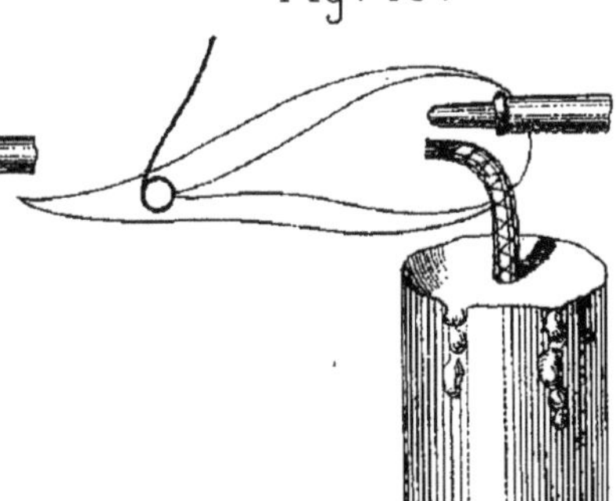

Bar, Vve Numa Rolin, Chuquet et Cie

CARACTÈRES MINÉRALOGIQUES.

La détermination des minéraux s'opère, en dehors de leurs caractères cristallographiques, à l'aide des caractères organoleptiques ou des sens, mécaniques, physiques et chimiques.

CARACTÈRES ORGANOLEPTIQUES.

1° **La couleur** peut être propre ou accidentelle; pour rendre la couleur des minéraux bien manifeste on est dans l'habitude de les pulvériser ou de les rayer.

2° **L'éclat** est un effet produit sur l'organe de la vue par la lumière réfléchie à la surface des minéraux. Cet éclat peut être plus ou moins vif, gras, vitreux ou métallique.

3° **Le chatoiement** est une décomposition de la lumière dans les parties profondes du minéral, cette décomposition s'opère sur les lamelles minces qui constituent le minéral.

4° **L'irisation** diffère du chatoiement en ce qu'elle se produit à la surface même du minéral.

5° **La transparence**, qui peut présenter plusieurs degrés; lorsque la lumière passe entièrement à travers le minéral, il est transparent; si elle ne le traverse qu'en partie, il est semi-transparent; si le minéral ne laisse passer qu'une faible lueur il n'est que translucide; enfin si la lumière ne le traverse pas du tout, il est opaque.

6° **La texture, structure** ou **configuration** est la manière dont les éléments d'un minéral sont agrégés entre eux, elle peut être :

Laminaire, lorsque le minéral est formé de lames parallèles plus ou moins étendues.

Lamellaire, lorsque les lamelles d'une certaine étendue sont entassées confusément.

Saccharoïde, lorsque les lamelles, de petite dimension, sont disposées sans ordre, comme dans un morceau de sucre.

Grenue, lorsque les lamelles sont réduites à la dimension de simples points.

Fibreuse, lorsque les cristaux se sont disposés sous forme de prisme accolés les uns aux autres sans éclat.

Soyeuse, lorsque ces cristaux ont la finesse et l'éclat de la soie.

Rayonnée, lorsque les cristaux se sont disposés tout autour de points centraux.

Oolithique, lorsque le minéral se présente sous forme de petits grains accolés ayant l'aspect d'œufs de poisson.

Miliolithique, lorsque ces grains ont la grosseur de ceux du millet.

Pisolithique, lorsque ces grains ont la grosseur de ceux du pois.

Compacte, lorsque les éléments agrégés sont assez fins pour qu'il soit impossible de les distinguer à l'œil nu.

Grossière, lorsque les éléments ont un aspect rude.

Terreuse, lorsque les éléments se détachent facilement en poudre.

Vacuolaire, lorsque la cassure fait découvrir des vides plus ou moins considérables.

Inégale, lorsque les éléments présentent à la fois plusieurs des manières d'être signalées ci-dessus.

7° La **cassure**, fournit des caractères distinctifs en dévoilant la structure intérieure; elle peut être vitreuse, cireuse, unie, inégale. On dit qu'elle est esquilleuse lorsqu'elle fait de fines esquilles qui se détachent un peu sur le minéral; elle est conchoïde lorsqu'elle donne naissance à un relief analogue à celui des coquilles bivalves.

8° Le **toucher** est un des meilleurs caractères organoleptiques. Il s'exerce le plus généralement avec la main, mais il est utile quelquefois de le faire avec les lèvres bien desséchées. Il est **onctueux** lorsqu'il produit la même sensation qu'un morceau de savon bien sec; **âpre** ou **rugueux** lorsque la sensation éprouvée est analogue à celle produite par la pierre-ponce ou certains grès. Il peut être **froid** dans certaines circonstances.

9° La **saveur** n'appartient qu'aux minéraux plus ou moins solubles; elle peut être acide, salée, amère, piquante, fraîche, astringente, caustique, etc...

10° Le **happement à la langue** est dû à l'absorption de l'humidité de celle-ci par suite de la capillarité des minéraux.

11° **L'odeur** d'un minéral peut être propre ou accidentelle, elle a besoin assez fréquemment d'être provoquée par une action préalable, telle que la friction ou l'insoufflation de l'haleine.

12° La **sonorité** est assez rare chez les minéraux.

CARACTÈRES MÉCANIQUES.

1° La **dureté** est la résistance que les minéraux offrent à la rayure. Mohs a proposé une échelle de dureté qui est généralement adoptée :

1° Talc	Se laissant rayer par l'ongle; très-tendres.
2° Gypse	
3° Spath d'Islande.	Rayés par le couteau d'acier.
4° Fluorine	
5° Apatite.	
6° Orthose.	Ayant la dureté de l'acier.
7° Quartz	Font feu au briquet.
8° Topaze.	
9° Corindon. . . .	
10° Diamant	

2° La **ténacité** est la résistance que les minéraux offrent au choc du marteau;

3° La **friabilité** est la propriété opposée à la ténacité;

4° La **flexibilité** est la propriété qu'ont certains minéraux de se laisser courber sans se rompre, les minéraux simplement flexibles ne reprennent pas leur position première lorsqu'on cesse la pression exercée sur eux;

5° L'**élasticité** est justement la propriété qu'ont certains minéraux flexibles de reprendre leur position première lorsque la pression exercée sur eux vient à cesser;

6° La **malléabilité** est la propriété que présentent certains matériaux de se laisser aplatir sous le choc du marteau; cette propriété caractérise quelques minéraux métalliques;

7° La **ductilité** n'appartient également qu'à un petit nombre de minéraux métalliques; c'est la propriété qu'ils ont de se laisser étirer en fils à la filière.

CARACTÈRES PHYSIQUES.

1° Le **clivage**. On désigne sous ce nom la division qui s'opère plus ou moins facilement suivant des plans parallèles; cette division ne s'opère que dans certains sens seulement. On produit le clivage en appuyant le tranchant d'un couteau sur le minéral, et en frappant dessus avec un marteau. Certains minéraux ne se laissent cliver qu'après avoir été étonnés, c'est-à-dire chauffés au rouge, puis plongés brusquement dans l'eau; le nombre et la direction des clivages sont intimement liés avec le système cristallin des minéraux, c'est ainsi que ceux qui appartiennent au système cubique n'ont jamais moins de trois clivages; par contre, il ne faudrait pas conclure de la présence de trois clivages au classement dans le système cubique, car ce nombre s'observe aussi dans le troisième et le quatrième système cristallin.

2° La **double réfraction** ne s'observe que dans les minéraux cristallisés diaphanes, pour cela, on place une épingle ou une aiguille derrière le cristal au travers duquel on regarde; si le minéral possède cette propriété, on aperçoit une image double de l'objet regardé. Les autres propriétés optiques des minéraux ne sauraient être utilisées pour nos déterminations qui ne doivent mettre en usage que des procédés simples et faciles.

3° La **densité** est un excellent caractère qui, malheureusement, exige l'emploi de la balance de précision pour offrir une entière sécurité; on peut néanmoins, dans une certaine mesure, faire usage de l'aréomètre de Nicholson lorsqu'on n'a besoin que d'une densité approchée. Dans la plupart des cas, il suffit de soupeser à la main pour les minéraux qui nous occupent. Chacun sait qu'un bloc de fer hydraté est, à volume égal, plus pesant qu'un bloc de calcaire.

La détermination à l'aide de l'aréomètre de Nicholson se fait, comme vous le savez, en faisant affleurer l'appareil, à l'aide de poids, jusqu'à un trait gravé sur la tige qui supporte le petit plateau. On note exactement le poids trouvé; puis on place le minéral sur le plateau et on ramène l'affleurement à l'aide de poids ; la différence entre le poids trouvé la première fois et celui trouvé la seconde, est celui du minéral. On sort alors l'aréomètre du vase dans lequel il était plongé, puis on place le minéral dans le petit panier disposé à la partie inférieure de l'aréomètre et on replonge celui-ci dans l'eau. On amène de nouveau l'affleurement de l'appareil à l'aide de poids qu'on note encore exactement. Soit 35 grammes 015 le poids nécessaire pour l'affleurement alors que l'appareil est vide.

Soit 17 g. 235 le poids nécessaire alors que le minéral est placé sur le plateau supérieur.

Soit enfin 22 g. 345 le poids nécessaire alors que le minéral est placé dans le panier inférieur.

35,015 — 17,235 = 17,780 poids du corps.
22,345 — 17,235 = 5,110 poids du volume d'eau déplacé.
17,780 : 5,110 = 3,477 densité du corps.

4° L'**électricité** se manifeste chez certains minéraux, après friction, en attirant les corps légers. Quelquefois l'électricité se manifeste après simple chauffage. On dit alors que ces corps sont pyroélectriques; telles sont la tourmaline et l'axinite.

5° Le **magnétisme** se constate à l'aide d'une aiguille aimantée que certains minéraux du genre fer, par exemple, déplacent de sa position par approche.

6° La **phosphorescence** consiste en lueurs diversement colorées que l'on fait apparaître sur certains minéraux soit par friction, soit en les soumettant à l'action de la chaleur.

7° Le **polychroïsme** est la propriété qu'ont certains minéraux de donner des couleurs diverses suivant qu'on les regarde par réflexion ou par transmission, ou suivant le sens où on les observe par transmission.

CARACTÈRES CHIMIQUES.

Les caractères chimiques sont ceux que présentent les minéraux lorsqu'on leur fait subir l'action des acides ou du chalumeau.

La méthode analytique à l'aide de laquelle on fait l'essai qualitatif des minéraux n'exige qu'un nombre restreint d'appareils fort simples et de réactifs.

Quelques tubes ouverts les uns à une extrémité, les autres aux deux, — un chalumeau, un fil de platine, un morceau de charbon de bois léger, une lampe ou une bougie, un petit mortier d'agate avec sa molette, un barreau aimanté, un couteau et cinq ou six réactifs suffisent pour ces essais.

Le **chalumeau** se compose d'un tube conique en laiton, muni, à son extrémité évasée, d'une embouchure en os, et pénétrant à frottement doux par l'autre extrémité dans un réservoir en métal pourvu latéralement d'un petit ajutage dans lequel on introduit un petit tube, également conique, de cinq centimètres de longueur, terminé par un bec de platine.

Le **fil de platine** doit avoir une vingtaine de centimètres de longueur et un diamètre de cinq dixièmes de millimètre; on le recourbe en forme de petit crochet à son extrémité de telle sorte que la perle qui s'y formera reste bien adhérente.

Le **charbon** doit être de bois de pin ou de saule, bien cuit et débité à fil droit; on pratique, avec le couteau, à une extrémité, une petite excavation destinée à recevoir la matière à essayer.

Le **mortier d'agate** doit être muni de son petit pilon et avoir un diamètre de quatre à cinq centimètres.

Les réactifs sont :

Le **borax** ou biborate de sodium qui est un excellent fondant.

Le **sel de phosphore** ou phosphate double de sodium et d'ammonium, employé pour dissoudre les oxydes et éliminer les acides.

La **soude** ou carbonate de sodium qui sert de dissolvant aux acides et facilite la réduction des métaux.

Enfin le **salpêtre** ou nitrate de potassium, le cyanure de potassium, le bisulfate de potassium et le nitrate de cobalt, employés dans quelques cas spéciaux, puis l'acide chlorhydrique, l'acide nitrique et l'acide sulfurique.

Avant tout, le minéral à essayer doit être amené à l'état de poudre impalpable, ce à quoi l'on parvient en l'écrasant dans le mortier d'agate avec la petite molette.

Voici l'ordre dans lequel doivent être pratiqués les essais.

ESSAI A L'ACIDE CHLORHYDRIQUE.

Avant l'essai au tube fermé, il est bon de faire un essai à l'acide chlorhydrique.

On place une pincée de poudre dans une petite capsule, on verse dessus quelques gouttes d'acide qui peut amener le dégagement à froid;

1° D'un gaz incolore, inodore, — acide carbonique, carbonates;

2° D'un gaz incolore ayant l'odeur des œufs pourris — sulfures.

A chaud :

1° D'un gaz jaune foncé, — azotates; le peroxyde de manganèse et quelques autres peroxydes mettent le chlore en liberté; dans ce cas le gaz est jaune verdâtre;

2° D'un gaz incolore ayant l'odeur des œufs pourris — sulfures.

ESSAI AU TUBE FERMÉ.

Une pincée de poudre est introduite dans un petit tube fermé à une de ses extrémités; le tube est alors chauffé dans la flamme d'une lampe à alcool. Il peut alors se produire dégagement :

1° De vapeur d'eau qui se condense sur les parois froides du tube; — on a affaire à un hydrate;

2° D'une vapeur qui se condense ou se sublime sur les parois sans être de l'eau, — sels ammoniacaux, mercure, arséniures ou sulfures;

3° D'un gaz qui enflamme une allumette présentant quelques points en ignition, — nitrates, peroxydes;

4° De vapeurs rutilantes, — nitrates;

5° D'acide carbonique troublant l'eau de chaux, — carbonates;

6° Dépôt de charbon, — matières organiques;

7° Formation d'un sublimé (voir à l'*essai au tube ouvert*).

ESSAI AU TUBE OUVERT AUX DEUX EXTRÉMITÉS.

Une petite quantité de poudre est introduite dans un petit tube ouvert aux deux bouts et placée avec celui-ci au-dessus de la flamme d'une lampe à alcool en donnant une légère inclinaison au tube. Il peut y avoir :

1° Dégagement d'odeur sulfureuse — sulfures.
— d'odeur d'ail — arséniures.

2° Formation d'un sublimé métallique. Mercure ou arsenic.
— blanc. Arséniures, antimoniures, mercure.

Formation d'un sublimé fondu jaune-brun. Soufre.
— complexe, noir et rouge ou jaune. Sulfoarséniures.

ESSAI AU CHARBON.

Une petite quantité de matière est introduite dans la cavité du charbon, bien pressée, puis soumise à l'action de la flamme oxydante, puis ensuite réductrice, s'il y a lieu.

On obtient la **flamme oxydante** (fig. 16) en plaçant le bec de platine du chalumeau presqu'au contact de la mèche, il se forme devant l'ouverture du bec un dard bleu peu lumineux, allongé, à l'extrémité duquel on place la matière à essayer.

La **flamme de réduction** (fig. 15) est obtenue en plaçant au contraire le bec du chalumeau sur la paroi latérale de la flamme, un peu au-dessus de la mèche. — La flamme s'allonge moins que dans le cas précédent et peut entourer facilement la matière à essayer.

Voici les réactions qui peuvent alors se produire :

1° Simple fusion, sans volatisation, ni changement de couleur — minéraux alcalins, alcalino-terreux solubles, — pénètrent dans les pores du charbon.

Pyromorphite, cristallise par refroidissement.

Grenat, Wolfram, pyroxène, mica lithinique, fluorine, lazulite fondent sans pénétrer.

Amphiboles, fondent avec bouillonnement.

Idocrase et axinite fondent avec bouillonnement.

Argent, or, cuivre fondent difficilement.

2° Fusion avec production d'un enduit :

Jaune — plomb (globule métallique malléable).

Jaune-brun — bismuth (globule métallique cassant) — cadmium ; blanc — antimoine (globule métallique cassant) — zinc.

3° Fusion avec déflagration — azotates.

4° Pas de fusion, quartz, corindon, gibbsite, alunite, calcite, arragonite, dolomie, giobertite, smithsonite, spinelle, péridot, disthène, andalousite, amphigène, talc, tourmaline, cassitérite, rutile, topaze.

5° Fusion en un émail, ou en une masse blanche hépathique, barytine, célestine, karsténite, gypse.

6° Fusion à peine sensible sur les bords d'écailles très-fines, — orthose, albite, oligoclase, labrador, anorthite, pyroxène très-magnésifère, magnésite, stéatite, quelques micas, serpentine, émeraude, épidote, apatite.

7° Pas de fusion, mais production d'une lumière blanche éclatante par le minéral chauffé — strontiane, chaux, magnésie.

8° Pas de fusion — la couleur des minéraux se fonce — oxydes de nickel, cobalt, chrôme, manganèse et peroxyde de fer.

Pas de fusion, production de fumées jaunes à chaud, blanches à froid, zinc.

ESSAI AU CHARBON AVEC LA SOUDE.

Pas d'action, pas de pénétration dans les pores du charbon — chaux, magnésie, alumine, glucine, oxyde d'urane.

Pénétration dans les pores du charbon — minéraux alcalins, barytiques et strontianiques.

Production d'une masse verte à chaud, bleuissant à froid — manganèse.

Production d'une perle opaque jaune ou verte — chrôme.

Production d'une perle opaque grisâtre — oxyde de titane.

Production d'une perle colorée — axinite, grenat.

Production d'une perle incolore après bouillonnement — quartz, orthose, albite, labrador, oligoclase, amphygène, anorthite, émeraude, andalousite.

Réduction en globule métallique sans auréole — tungstène, fer, cobalt, nickel, étain, cuivre, argent, or, platine.

Réduction en globule métallique avec auréole :

Blanc-bleuâtre — antimoine.

Jaune à chaud, blanc à froid — zinc.

Jaune foncé — bismuth.

Jaune — plomb.

Rouge-brun — cadmium.

Si la partie superficielle du charbon, grattée et

placée sur une lame d'argent noircit celle-ci ou dégage de l'hydrogène sulfuré avec une goutte d'acide chlorhydrique on a affaire à un sulfate; la présence d'un sulfure eût été indiquée par les essais précédents.

ESSAI AU COBALT.

Si la poudre essayée est blanche, on l'arrose d'une goutte ou deux d'une solution de nitrate de cobalt, et en la chauffant fortement on obtient une masse :

Grise ou noire — avec la chaux ou la strontiane.
Rouge-chair — avec la magnésie.
Bleue-verdâtre — avec l'oxyde d'étain.
Verte — avec le zinc.
Jaune-verdâtre — avec l'oxyde de titane.
Bleue — avec l'alumine et quelques silicates.

ESSAI A L'ACIDE CHLORHYDRIQUE SUR LE FIL DE PLATINE.

Coloration de la flamme.

La masse, humectée d'acide chlorhydrique est introduite dans la flamme du chalumeau — la flamme se colore en :

Jaune — avec la soude.
Violet — avec la potasse; cette réaction est

masquée par la présence d'un peu de soude; mais si l'on a soin de regarder la flamme à travers une lame de verre colorée en bleu par le cobalt, la coloration pourpre apparaît malgré la présence de la soude, parce que ce verre ne laisse passer que les rayons violets, la coloration rouge fournie par la chaux ou la lithine masque également le violet de la potasse, cet inconvénient est également très-atténué par l'emploi du verre au cobalt.

Vert-jaunâtre — avec la baryte.

Vert-émeraude — avec le cuivre.

Rouge-pourpre — stroutiane.

Rouge-carmin — lithine.

Rouge-jaunâtre — chaux.

En imprégnant la masse d'acide sulfurique on obtient une coloration :

Verte-jaunâtre — avec les borates.

Verte-émeraude — avec les composés du cuivre.

Verte-bleuâtre — avec les phosphates.

ESSAI AU BORAX.

On introduit, dans la boucle du fil de platine, un peu de borax que l'on fond en une perle; puis, pendant que celle-ci est chaude, on lui fait accoler quelques traces de la poudre du minéral essayé, et on la soumet successivement aux feux d'oxydation, puis de réduction; on obtient des perles, colorées ou non.

COULEUR DE LA PERLE	AU FEU D'OXYDATION		AU FEU DE RÉDUCTION	
	A CHAUD	A FROID	A CHAUD	A FROID
Incolore	Si, Al, Ca, Mg, Ba, Sr, Sn, Gl. Zn, Cd, Pb, Bi, Sb en *p. q.* sinon jaune.	Si, Al, Sn, Ca, Mg, Sr, Gl, Zn, Cd, Pb, Bi, Sb blanches et opaques au flamber.	Si, Al, Ca, Mg, Ba, Sr, Gl, Mn - Ag, Zn, Cd, Pb, Bi, Sb en soufflant longtemps, sinon opaques.	Si, Al, Ca, Mg. Ba, Sr, Sn, Gl, Mn - Ag, Zn, Cd, Pb, Bi, en soufflant longtemps, sinon grises et opaques.
Grise et Opaque			Ag, Zn, Cd, Pb, Bi, Sb.	Ag, Zn, Cd, Pb, Bi, Sb.
Jaune pâle	Ag, Cd, Zn			
Jaune	Pb, Sb en *g. q.* U en *p. q.*	Fe. U, jaune opaque au flamber.		
Jaune-rougeâtre	Cr, Fe en *p. q.* Bi en *g. q.*		U.	
Rouge foncé	Fe en *g. q.*	Mn (violacée).		
Rouge-brun	Cr, U.	Ni.	Cu.	Cu.
Violette	Mn, Ni.			
Bleue.	Co.	Co, Cu.	Co.	Co, Cu,
Verte	Cu.	Cr.	Fe, Cr, Cu.	Fe, U, Cr.

Abréviations : *p. q.* petite quantité ; — *g. q.* grande quantité,

ESSAI AU SEL DE PHOSPHORE.

On agit comme pour le Borax.

COULEUR DE LA PERLE	AU FEU D'OXYDATION		AU FEU DE RÉDUCTION.	
	A CHAUD	A FROID	A CHAUD	A FROID
Incolore avec un squelette nageant.	Si.	Si.	Si.	Si.
Incolore.	Al, Ca, Mg, Sr, Ba, Gl, Cd, Pb, Bi, Sn, Sb, Zn, en *p. q.* sinon jaune.	Al, Sn, Ca, Mg, Sr, Ba, Gl, Zn, Cd, opaque au flamber Pb, Bi, Sb.	Al, Ca, Mg, Sr, Ba, Gl, Sn, Mn, Ag, Pb, Bi, Sb, Zn, Cd, Ni, feu soutenu, sinon grises opaques.	Al, Sn, Ca, Mg, Sr, Ba, opaques au flamber Mn, Ag, Zn, Cd. Pb, Bi, Sb, Ni, feu soutenu, sinon grise.
Grise et opaque.			Ag. Zn. Cd, Pb, Bi, Sb, Ni par un feu peu soutenu.	Ag, Zn, Cd. Pb, Bi, Sb, Ni par un feu peu soutenu.
Jaune pâle.	Sb, Zn, en *g. q.*	Ag. Fe.		Fe.
Jaune.	Pb, Cd, Bi en *g. q.* Ag, Ni, U, Cr, Fe, en *p. q.*	Fe en *g. q.* Ni en *p. q.* U (Verdâtre).		Fe (verdâtre) en *g. q.*
Jaune-rougeâtre.	Cr, Fe, en *g. q.*	Ni en *g. q.*	Fe en *p. q.*	Fe, pendant refroidissement.
Rouge-brun.	Ni, Cr, Fe en *g. q.*		Fe, Cr.	Cu (opaque).
Rouge foncé.				Cu (opaque).
Violette.	Mn.			
Bleue.	Co.	Co.	Co.	Co.
Verte.	Cu.	U. Cr.	U, Cu.	Cr, U.

Les deux tableaux ci-dessus ne renferment que les métaux des minéraux les plus communs, dont voici les noms correspondant aux symboles, aux poids atomiques et aux équivalents.

NOM DU MÉTAL.	SYMBOLE.	POIDS ATOMIQUE.	ÉQUIVALENT.
Aluminium....	Al	27,5	13,75
Antimoine.....	Sb	122	122
Argent.......	Ag	108	108
Arsenic	As	75	75
Azote........	Az	14	14
Baryum	Ba	137,2	68,6
Bismuth......	Bi	210	105
Bore	Bo	11	11
Brôme.......	Br	80	80
Cadmium.....	Cd	112	56
Calcium......	Ca	40	20
Carbone......	C	12	6
Chlore.......	Cl	35,5	35,5
Chrôme	Cr	52,4	26,2
Cobalt.......	Co	59	29,5
Cuivre.......	Cu	63,5	31,75
Étain........	Sn	118	59
Fer.........	Fe	56	28

NOM DU MÉTAL.	SYMBOLE.	POIDS ATOMIQUE.	ÉQUIVALENT.
Fluor.	Fl	19	19
Glucinium.	Gl	14	7
Hydrogène	H	1	1
Iode	Io	127	127
Lithium	Li	7	7
Magnesium. . . .	Mg	24	12
Manganèse	Mn	55,2	27,6
Mercure.	Hg	200	100
Nickel	Ni	59	29,5
Or.	Au	197	98,5
Oxygène.	O	16	8
Phosphore.	P	31	31
Platine.	Pt	198	99
Plomb	Pb	207	103,5
Potassium.	K	39,1	39,1
Silicium	Si	28	21
Sodium	Na	23	23
Soufre.	S	32	16
Sfrontium	Sr	87,5	43,75
Titane	Ti	50	25
Tungstène.	W	184	92
Uranium.	U	120	60
Zinc.	Zn	65	32,5

NOTATION DE BERZELIUS.

Dans la plupart des traités spéciaux, on représente la composition chimique des minéraux à l'aide des formules abrégées de Berzelius; c'est ainsi que l'oxygène combiné à un corps simple est représenté par des (.) placés au-dessus du corps avec lequel il forme une combinaison; le soufre est représenté par des traits verticaux (|); enfin si l'on veut représenter la combinaison de deux atomes d'un métal avec plusieurs atomes d'oxygène ou de soufre, on barre le symbole qui représente le métal et on place au-dessus autant de points ou de traits verticaux qu'il y a d'atomes d'oxygène ou de soufre.

$\overset{\cdots}{\mathrm{Fe}}$ représente la combinaison de deux atomes de fer et trois atomes d'oxygène.

$\overset{|||}{\mathrm{Sb}}$ représente la combinaison de deux atomes d'antimoine avec trois atomes de soufre; quels que soient les avantages de cette notation pour l'abréviation des formules, nous ne l'emploierons pas. Nous nous contenterons des formules chimiques.

Nous n'employons d'ordinaire que la notation atomique; mais, comme en France, la notation équivalente est généralement suivie, nous donnerons, à la suite de la formule atomique indiquée par les lettres F. A.., la formule équivalente indiquée par les lettres F. E..

Lorsque les formules atomiques seront les mêmes

que les formules équivalentes, nous donnerons la formule sans indications spéciales.

Nous devons faire observer que l'analyse scrupuleuse des minéraux ne conduit presque jamais à la formule chimique, par suite de la présence de matériaux étrangers; mais ces matériaux viennent remplacer atome à atome la portion manquante du métal principal; par exemple : dans certains silicates doubles d'alumine et de chaux, une partie de la chaux peut être remplacée par un poids équivalent de protoxyde de fer, ou une partie de l'alumine par un poids équivalent de sesqui-oxyde de fer, etc.

DESCRIPTION DES ESPÈCES.

Nous diviserons, pour la commodité de nos études, tous les minéraux en cinq classes :

1° Substances gazeuses ou liquides;
2° Minéraux terreux;
3° Minéraux métalliques;
4° Minéraux siliceux;
5° Minéraux combustibles.

Tous ces minéraux seront indiqués par : 1° un nom générique qui sera celui de leur base; 2° un nom spécifique qui sera fourni par l'acide.

Les gaz, les liquides et les minéraux silicatés feront néanmoins exception; nous donnerons, autant que possible, à la suite du nom du minéral sa formule chimique exprimée en formules atomique et équivalente, puis les synonymes.

GAZ.

Air. — Le milieu dans lequel nous vivons est constitué par un mélange de deux gaz principaux, l'Azote qui entre dans sa constitution pour environ 0,79 et l'Oxygène pour environ 0,21 ; cet air, vous le savez, contient en outre de la vapeur d'eau et des quantités variables de divers gaz ainsi que des particules solides minérales ou organisées.

L'**Azote** — Az — gaz impropre à entretenir seul la combustion ou la respiration, se dégage fréquemment seul de crevasses du sol ou de diverses sources.

Acide carbonique — CO^2 — gaz également impropre à la combustion et à la respiration, se dégage aussi du sol des anciens volcans ou dans l'intérieur de certaines grottes, celle du Chien, près de Naples, par exemple, on le rencontre également en dissolution dans certaines eaux appelées **acidules.**

Les acides sulfureux. SO^2 et sulfhydrique. N. A.. SH^2 — N. E.. SH — se dégagent également en abondance, aux environs de certains volcans. — Le premier se distingue facilement par la suffocation qu'il provoque et le second par l'odeur d'œufs pourris qu'il répand.

Le **Grisou** — N. A.. CH^4 — N. E.. C^2H^4 est de l'hydrogène carboné qui se trouve à l'intérieur des houillères et dont le mélange avec l'air donne trop souvent lieu, au contact d'une flamme, à des détonations, causes d'épouvantables catastrophes.

L'**Acide chlorhydrique** — H Cl — comme les acides carbonique, sulfureux et sulfhydrique, est un produit d'origine volcanique, qui, à cause de sa grande affinité pour l'eau, s'y dissout très-facilement.

LIQUIDES.

Eau — N. A.. H^2O — N. E.. HO — composée d'oxygène et d'hydrogène; elle se présente à nous de tous côtés et sous trois états différents; gazeuse, elle est répandue dans l'atmosphère et empêche que nous ne soyons rapidement desséchés; liquide, elle constitue les fleuves, les rivières, les étangs et les sources, auxquelles nous puisons notre boisson; solide, elle forme les glaciers qui couronnent les sommets des hautes montagnes. Lorsqu'elle se solidifie librement, elle forme des cristaux dérivant d'un prisme hexagonal régulier.

L'**Acide sulfurique** — N. A.. SH^2O^4 — N. E.. SO^3+HO — se trouve en solution dans les eaux de certains fleuves; l'eau du Ruiz, dans la Nouvelle-Grenade, en renferme 5 grammes 181 par litre, — le Rio-Vinagre n'en charierait pas moins de 15,000 tonnes par an, d'après M. Boussingault. — Les sources du Niagara et de l'Alabama n'en contiennent pas moins de 2 grammes par litre. — On rencontre également le même acide dans les eaux de la baie de Santorin, les navires doublés de cuivre s'y rendent pour nettoyer leur carêne; ces eaux sont conseillées dans le traitement de certaines maladies.

L'**Acide borique** — N. A.. BoO^3H^3 — N. E.. BoO^3+3HO — se trouve en dissolution dans les eaux de certaines sources, telles que les lagonis de Sasso, d'où le nom de Sassoline qu'il porte en minéralogie; il existe également à l'état de cristaux ou paillettes au cratère de Volcano; introduit dans la flamme de l'alcool, il la colore en vert pâle; on l'emploie à la fabrication du borax et des émaux.

CLASSE DES MINÉRAUX TERREUX.

GENRE POTASSE.

Potasse nitratée. — Nitre ou salpêtre — N. A.. Az O^3 K — N. E.. K O, Az O^5 — substance blanche, cristalline, à saveur fraîche, qui possède la propriété de fuser sur les charbons ardents en produisant une flamme violacée ; on la trouve le long des vieux murs de bergeries ou d'écuries, dans les carrières de tuffau des environs de Saumur ; elle est très-abondante en Perse, en Egypte, en Arabie, on la trouve également dans la vallée du Rhône. Est employée comme engrais et à la fabrication de la poudre.

Potasse chlorurée. — Sylvine — K Cl masse compacte, transparente, ne fournissant pas d'eau au tube, soluble dans l'eau, colorant la flamme en violet, précipitant par le nitrate d'argent. — Se rencontre dans les gisements de Staasfurt. — Est employée comme engrais.

GENRE SOUDE.

Soude muriatée ou chlorurée. — Sel marin, sel commun, salmare, sel gemme — Na Cl — substance douée d'une saveur salée bien connue, soluble dans l'eau, cristallisant en cubes qui se disposent sous forme de trémies. Dureté 2—3, densité, 2,12 — 2,30, colore la flamme en jaune.

La soude chlorurée existe en dissolution dans les eaux de la mer et de certains lacs; on la rencontre également, à l'état solide, colorée de diverses façons par des oxydes dont on la débarrasse assez facilement, elle porte alors le nom de Sel Gemme. Mines de Vic, Dieuze, Wielicska, Bex, Cerdona, Staasfurt, etc. Est employée à l'alimentation de l'homme et des animaux.

Soude nitratée. — Nitratine ou Nitre cubique — F. A.. $Az\,O^3\,Na$ — F. E.. $NaO,\ AzO^5$ — substance blanche, faiblement déliquescente, à saveur fraîche et un peu amère, fuse sur les charbons en produisant une flamme jaune. Telle qu'on la trouve au Pérou, cette substance est mélangée à des chlorures et des sulfates solubles, de l'iodate de sodium, du sable et des débris ferrugineux; elle y forme un banc d'une épaisseur d'un mètre environ sur une étendue de 160 kilomètres dans les districts de Tarapaca et d'Atacama. Dureté 1,5 — 2; densité 2,09. — Est employée comme engrais et à la fabrication de l'acide azotique.

Soude carbonatée. — Natron, — Trona, Urao et Borech — F. A.. $CO^3\,Na^2.\ 10\ H^2O$ — F. E.. $Na\,O, CO^2 + 10\ HO$. — Substance d'une saveur âcre et urineuse, soluble avec effervescence dans l'acide chlorhydrique; introduite dans la flamme de l'alcool, la colore en jaune, donne de l'eau au tube, on la trouve efflorescente en Egypte, en Hongrie, etc., et en dissolution dans certains lacs de la Basse-Egypte. Est employée dans la fabrication du savon et du verre.

Soude boratée. — Borax ou Tinckal — F. A.. $Bo^4 Na^2 O^7 . 10 H^2O$ — F. E.. Na O, Bo O^3+10 H O — Ne se trouve guère qu'en dissolution dans les eaux de certains lacs du Thibet sur les bords desquels elle forme des croûtes cristallines. — Saveur douceâtre, fond au chalumeau en fournissant un verre incolore, après s'être préalablement beaucoup boursouflée. Arrosée d'un peu d'acide sulfurique et d'alcool, colore la flamme en vert; dureté 2 — 2,5; densité 2,71. — Est employée comme fondant.

GENRE BARYTE.

Baryte sulfatée. — Barytine, Spath pesant, Hépatite, Barosélénite — F. A.. $So^4 Ba$ — F. E.. BaO, SO^3 — Substance ordinairement cristallisée ou cristalline. Dureté 3 — 3,5; densité 4,5 — 4,7. Couleurs claires, blanche, jaune ou légèrement brunâtre, éclat gras ou vitreux — minéral de filon, insoluble dans l'eau, fond difficilement au chalumeau, chauffée quelque temps au feu de réduction, sur le charbon, et humectée d'acide chlorhydrique, colore la flamme en vert pâle.

Rencontrée par moi près de Villeneuvette, dans

l'Hérault, et à Royat, près de Clermont-Ferrand; à Nantes, au coteau de Miseri; est commune dans les terrains anciens du Midi; assez rare en Bretagne, s'exploite pour la fabrication des sels de baryte et certaines fraudes commerciales.

GENRE STRONTIANE.

Strontiane sulfatée. — Célestine — F. A.. SO^4Sr — F. E.. SrO, SO^3 — insoluble dans l'eau, calcinée sur le charbon, au feu de réduction, et humectée d'acide chlorhydrique colore la flamme en beau rouge pourpre; dureté 3 — 3,5, densité 3,9 — 4. Insoluble dans les acides.

Se rencontre très-rarement en filons, se trouve à Meudon et à Bougival en cristaux bleuâtres qui lui ont valu son nom de Célestine, en masses laminaires fibreuses ou compactes.

Employée à la fabrication des sels de Strontiane destinés à la pyrotechnie.

GENRE CHAUX.

Chaux carbonatée. — Calcite — Calcaire — Spath calcaire, spath d'Islande, marbre, pierre à chaux, pierre à bâtir, pierre lithographique, craie, blanc d'Espagne, tuffau, travertin, etc. — F. A.. CO^3Ca. — F. E.. CaO, CO^2.

Soluble avec effervescence dans les acides, se réduit en chaux vive par calcination ; humectée d'acide chlorhydrique et introduite dans la flamme, la colore en rouge-jaunâtre : dureté 3 ; densité 2,7 ; double réfraction, trois clivages. — Se présente aux états cristallisé, cristallin et amorphe.

Cristallisée, elle dérive du Rhomboëde 105°,5 du scalénoëdre ou du prisme hexagonal — souvent maclée.

Variétés cristalline, laminaire, lamellaire, saccharoïde, grenue.

Les marbres appartiennent aux formes cristallines; on les divise en marbres statuaires, marbres colorés et marbres lumachelles.

Le marbre statuaire est blanc ou traversé par de petites veines grises, il est formé de cristaux très-minces enchevêtrés les uns dans les autres et rappelant la forme du sucre, c'est une roche métamorphique. Le plus beau marbre statuaire est celui de Carare, puis ceux de Paros, du Pentélès, de Bou-h'amra, de Djebel-Felfela (Algérie), etc.

Les marbres colorés appartiennent plutôt à la variété de chaux carbonatée compacte.

Le Campan et la Griotte des Pyrénées sont rouges.

Le Sarrancolin et le Languedoc ont le fond rouge traversé par de grandes veines.

Le Portor, de Saint-Maximin (Var), est noir avec grandes veines jaunes. Le marbre vert antique, exploité près de Gênes, est coloré par la Serpentine; le bleu turquin est un marbre bleu très-rare.

Les marbres brocatelles sont formés de fragments de diverses teintes réunis par un ciment calcaire qu'on exploite dans l'Ariège, l'Aude et les Basses-Pyrénées.

Les marbres lumachelles sont pétris de coquilles qui rappellent de loin le limaçon; quelques-unes de ces coquilles ayant conservé leur nacré, certaines lumachelles sont chatoyantes comme celles de Bleyberg.

Le petit granite de Belgique ou marbre de Flandre est une lumachelle.

Variétés compactes. — Le type du calcaire compacte est la pierre lithographique qu'on exploite à Solenhofen (Bavière) et à Châteauroux (France). On peut encore rapporter au calcaire compacte certaines pierres de construction, telles que le liais de Bagneux et d'Arcueil, le cliquart, la pierre de Tonnerre, la pierre de Saint-Ylie (Jura), la pierre de Larrys (Yonne) et celle de Tercé (Poitou).

Variété grossière. — Texture peu uniforme, variable, peu homogène, souvent pétrie de coquilles, telles sont la plupart des pierres à bâtir des environs de Paris, la Lambourde, de Saint-Maur; le Vergelet, des bords de l'Oise; le Tuffau, des bords de la Loire.

Variété tachante. — Les particules en sont peu adhérentes et se détachent par un simple frottement; telles sont : la craie, le blanc d'Espagne et certaines marnes crayeuses.

Variété oolithique, très-commune en Bourgogne.

Variété incrustante ou pseudomorphique. — Forme les tufs des environs de Montpellier et les pétrifications des sources de Saint-Allyre et Saint-Nectaire (Auvergne).

Variété stalactiforme. — Se subdivise en stalactites qui pendent aux voûtes de certaines grottes et en stalagmites disposées en cônes sur le sol de ces mêmes grottes (La Balme, près Saint-Rambert). Ces deux variétés prennent naissance par suite de la mise en liberté d'un excès d'acide carbonique qui dissolvait le calcaire dans les eaux soumises à l'évaporation.

On peut encore citer les variétés :

Silicifère — formant les grès de Fontainebleau; *magnésifère* que nous étudierons sous le nom de *Dolomie;* — *ferrifère; manganésifère*, présentant des dendrites fort curieuses; — *bituminifère* donnant les calcaires fétides.

Arragonite. L'arragonite diffère de la calcite par sa dureté comprise entre 3,5 et 4 et sa densité qui est de 2,92; elle a, lorsqu'elle est cristallisée, une cassure imparfaitement conchoïdale et un éclat vitreux, les cristaux dérivent d'un prisme rhomboïdal droit de 116°,10. — Les usages du calcaire sont bien connus (amendement des terres, constructions, fabrication de la chaux, du sucre, des eaux gazeuses, etc.).

Chaux sulfatée. — Elle forme deux sous-espèces :

1° **La chaux sulfatée anhydre.** — Anhydrite,

muriacite, karsténite, gypse anhydre, pierre de tripes. — F. A.. SO^4Ca. — F. E.. Ca O, SO^3. — Ne donne pas d'eau au tube, fond difficilement au chalumeau sous forme d'émail, dans la flamme de réduction donne du sulfure de calcium qui fournit à l'acide chlorhydrique et dans la flamme les réactions des sulfures et de la chaux. Densité 2,9; dureté 3 — 3,5, incolore, blanche, jaune, rouge, bleue, violette, translucide, quelquefois transparente, ordinairement en masses cristallines grenues, fibreuses, fréquente dans les mines de sel gemme, à Wielicska elle se trouve sous forme de rubans contournés qui lui ont valu son nom de pierres de tripes. — On l'utilise soit comme pierre à bâtir, soit dans l'ornementation.

2° **La chaux sulfatée hydratée.** — Gypse, sélénite, pierre à plâtre, pierre à jésus — F. A.. SO^4 Ca. 2 H^2O — F. E.. Ca O, SO^3 + 2 HO. — Cristallise dans le système du prisme rhomboïdal oblique de 110°, 30' a trois clivages dont un très-facile, les cristaux sont souvent mâclés et fournissent le *fer de lance* des environs de Paris. — Soluble dans l'eau $\frac{1}{450}$; donne de l'eau au tube, fournit au feu de réduction les mêmes caractères que l'anhydrite; dureté 2; densité 2,3.

Se présente cristallisée, cristalline ou compacte. Une variété finement grenue et translucide est employée sous le nom d'Albâtre à faire des vases, des statuettes et divers objets d'ornement.

Les variétés communes sont utilisées à la fabrication du plâtre et à l'amendement des prairies.

On le trouve abondamment dans le Trias et certains terrains tertiaires (Paris, Saint-Léger près Châlon-sur-Saône; Aix en Provence).

Chaux fluatée. — Spath-fluor, fluorine — fluorite, ratofkite, fleur des filons — F. A.. $Ca\,Fl^2$ — F. E.. Ca Fl. — est essentiellement un minéral de filon qui cristallise dans le premier système; clivages multiples; dureté 4, densité 3,19; facilement fusible au chalumeau; phosphorescent lorsqu'on le projette sur une pelle chauffée au rouge; transparent ou translucide; éclat vitreux; couleur vive très-variable, souvent différente suivant qu'on le regarde par transmission ou par réflexion, attaquable par l'acide sulfurique à chaud, avec dégagement d'acide fluorhydrique.

Ce minéral abonde dans les terrains schisteux et houillers, il est employé à la fabrication de l'acide fluorhydrique ou comme fondant en métallurgie, quelquefois en ornementation.

Chaux phosphatée. — Apatite, coprolithes, phosphorite

— F. A.. $P^3\,Ca^5\,Fl\,O^{12}$ — F. E.. $3\,(Ca\,O)^3\,PO^5. + Ca\left\{\begin{matrix}Cl\\Fl\end{matrix}\right.$

— Cette substance se présente tantôt cristallisée, tantôt compacte avec diverses impuretés; dans le premier cas, elle porte le nom d'Apatite, dans le second celui de Phosphorite.

Enfin, on appelle Nodules ou Coprolithes, des amas de phosphate impur d'origine animale. Une partie de son fluor peut être remplacée par une quantité équivalente de chlore.

L'apatite cristallise dans le système rhomboëdrique; sa densité est de 3,2; sa dureté 5; son éclat est vitreux. — Elle est difficilement fusible au chalumeau. Sa poussière est phosphorescente; elle est soluble dans les acides, humectée d'acide sulfurique, elle colore la flamme en vert pâle.

Un intérêt tout spécial pour l'agriculteur s'attache à la chaux phosphatée, soit qu'elle se présente aux états d'apatite, de phosphorite ou de nodules.

Toutes les plantes cultivées contiennent de l'acide phosphorique, qui est sans cesse exporté du sol sous toutes sortes de formes; l'agriculteur a le plus grand intérêt à le remplacer; il peut, pour y arriver, s'adresser soit aux guanos, soit aux os verts, dégélatinés, carbonisés ou calcinés, soit aux phosphates minéraux naturels ou traités chimiquement.

Les apatites ont une constitution moléculaire telle qu'elles ne se laissent guère dissoudre par les acides provenant de la décomposition des matières organiques, ni par les sels ammoniacaux; pour les rendre utilisables, on les transforme soit en superphosphates, soit en phosphates précipités à l'aide de traitement à l'acide sulfurique ou à l'acide chlorhydrique. Mais, à cause des difficultés du traitement, ces apatites sont généralement laissées de côté; il n'en est pas de même des phosphorites qui sont très-employées. Les principaux gîsements exploités sont ceux de Logrosan en Espagne, de Kragero en

Norwége, du Nassau, du Lot, de l'Aveyron, du Tarn-et-Garonne.

Les coprolithes ou nodules appartiennent spécialement à la formation crétacée; on les exploite dans le Boulonnais, les Ardennes, la Meuse, la Marne, l'Ain, le Cher, etc.; le terrain dans lequel sont situées ces exploitations se trouve également dans la Seine-Inférieure, le Calvados, la Mayenne, la Sarthe, l'Indre-et-Loire, le Loir-et-Cher, les deux Charentes, la Dordogne, etc. Les phosphates qu'on retire des diverses exploitations sont du reste loin d'être également assimilables par les plantes.

Dans nos environs, on trouve des cristaux d'apatite au Four-au-Diable, à Nantes; à la butte de la Verrerie, à la Chapelle-sur-Erdre, à la Chaterie en Saint-Herblain.

GENRE MAGNÉSIE.

Magnésie carbonatée. — Giobertite — F. A.. CO^3Mg. — F. E.. MgO, CO^2. — Substance peu répandue dans la nature, complètement ou presque complètement soluble dans les acides, ne faisant bien effervescence qu'à chaud; calcinée au chalumeau, elle colore en brun le papier de Curcuma, et prend une teinte rose claire lorsqu'on l'a préalablement humectée de nitrate de cobalt. Se trouve rarement cristallisée, ordinairement en masses grenues, compactes ou terreuses; dureté 4,5 — 5; densité 2,9 — 3. Employée à la fabrication du sulfate de magnésie.

Magnésie carbonatée Silicifère. — Magnésite, écume de mer, Sépiolite — F. A.. $3SiO^2 2MgO.2$ ou $4H^2O$ — F. E.. MgO, SiO^3+2HO. — Substance compacte, à cassure terreuse, peu dense, blanche, douce au toucher, happant à la langue, fournissant toujours de l'eau au tube d'essai, fondant très-difficilement au chalumeau, donnant une masse rose avec le nitrate de cobalt, attaquable par l'acide sulfurique qui en dissout une partie, laissant un résidu gélatineux. Dureté 2; densité 1,2 — 1,6. Est employée à la fabrication des pipes dites d'écume de mer.

On appelle plus spécialement Magnésite une variété schistoïde.

Magnésie et Chaux carbonatées. — Dolomie, chaux carbonatée magnésifère, chaux carbonatée lente, spath perlé, miémite, Cargnieule — F. A.. $(CO^3)^2CaMg$ — F. E.. $CaO, CO^2 + MgO, CO^2$. — Substance quelquefois cristallisée, presque toujours cristalline. Densité 2,9; dureté 3,5 — 4; éclat nacré, couleurs claires, infusible au chalumeau, donnant la coloration rose avec le nitrate de cobalt; effervescence lente avec les acides.

Les calcaires dolomitiques se désagrégent très-inégalement sous l'influence atmosphérique et donnent naissance à des roches qui de loin, simulent des ruines. (Rochers dolomitiques de Mourèze, Hérault.)

Magnésie sulfatée. — Epsomite — F. A.. SO^4Mg.

$7 H^2 O$ — F. E.. $Mg O, S O^3 + 7 H O$. — Substance cristallisée ou cristalline blanche, amère, soluble dans l'eau, fournissant de l'eau au tube, donnant une masse couleur chair avec le nitrate de cobalt. Eclat vitreux, dureté 2 — 2,5; densité 1,75. Employé en médecine.

Magnésie sulfatée hydratée. — Kiésérite — F. A.. $S O^4 Mg. H^2 O$ — F. E.. $Mg O, S O^3 + H O$. — Masses compactes ou grenues, blanches, grisâtres ou jaunâtres, difficilement solubles dans l'eau, fournissant de l'eau au tube, donnant une masse hépatique avec la soude sur le charbon. Dureté 2,5; densité 2,5. Mines de Stassfurth.

Magnésie, Chaux et Potasse sulfatées, hydratées. — Polyhalite — F. A.. $(Ca K^2 Mg) S O^4 \frac{H_2O}{2}$ — F. E.. $3 (Ca O, Mg O) S O^3 + K O, S O^3, + 2 H O$. — Masse compacte ou fibreuse, à éclat résineux ou nacré, couleur rouge brique plus ou moins jaunâtre, fournissant une poussière rouge; dureté 3; densité 2,77; fournit de l'eau au tube, fond facilement en colorant la flamme en jaune, soluble en partie dans l'eau; la partie soluble fournit avec une solution de sel de phosphore un précipité cristallin qui donne une masse blanche amorphe, après calcination; fournissant sur le charbon une masse hépatique. Mines de Stassfurth.

Magnésie boratée. — Boracite — F. A.. $Mg^7 Bo^{16} O^{30} Cl^2$ — F. E.. $2 (Mg O)^3, (Bo O^3)^4 + Mg Cl$. — Substance cristallisée soluble dans l'acide azotique, précipitable par les alcalis, fusible au chalumeau, colorant la flamme en vert; éclat vitreux; dureté 7; densité 2,95. Mines de Stassfurth.

Magnésie et Potasse chlorurées hydratées. — Carnallite — F. A.. K Cl. $MgCl^2 6 H^2 O$ — F. E.. (K. Mg) Cl + 4 H O. — Masse compacte, à éclat vitreux, transparente, souvent colorée en rouge, déliquescente, donnant de l'eau au tube, colorant la flamme en violet, soluble dans l'eau, précipitant par la solution de sel de phosphore. Densité 1,6. Stassfurth. — C'est, de nos jours, la source la moins coûteuse de la potasse.

GENRE ALUMINE.

Alumine pure. — Corindon — $Al^2 O^3$. — Se présente cristallisé dans le système de Rhomboèdre, insoluble dans les acides, infusible au chalumeau, la poudre humectée de nitrate de cobalt donne un beau bleu; densité 4; dureté 9; éclat vitreux, souvent nacré; fournit des Gemmes du plus grand prix :

Le saphir blanc,
Le rubis oriental, rouge cramoisi,
La topaze orientale, jaune,
Le saphir oriental, bleu,
L'émeraude orientale, verte,
L'améthiste orientale, violette.

Ces diverses colorations sont dues à des quantités impondérables de divers oxydes, chrôme, titane, etc.

Il existe une variété qui n'est pas transparente et qui porte le nom de Corindon Adamantin. — Une autre variété, salie par une grande quantité d'oxyde de fer est l'Emeri, employé à polir et qui provient de l'île de Naxos.

Le Corindon se trouve dans les terrains anciens dans l'Inde, la Chine et le Thibet.

Alumine hydratée. — Forme trois sous-espèces. — Hydrargylithe. Bauxite. Diaspore.

L'Hydrargylithe ou Gibbsite — F. A.. $Al^2O^3\,3\,H^2O$ — F. E... $Al^2O^3 + 3\,H\,O$. — Se présente sous forme de petits cristaux, rares, blancs ou rosés, d'une dureté de 3, d'une densité de 2,4, fournissant de l'eau au tube, perd 34 0/0 au feu, et ayant, pour le reste, les caractères du Corindon.

La Bauxite — F. A.. $Al^2O^3\,2\,H^2O$ — F. E.. $Al^2O^3 + 2\,H\,O$ se présente en grains disséminés de couleur jaune, brune ou rouge, salis par une forte proportion d'oxyde de fer. Dureté 3; peu attaquée par l'acide chlorhydrique; perd 20 0/0 d'eau au feu. Dans les couches géologiques des environs des Baux (Bouches-du-Rhône), on l'a employée à l'extraction de l'aluminium.

Le Diaspore — F. A.. $Al^2O^3\,H^2O$ — F. E.. $Al^2O^3 + H\,O$ est cristalisé, translucide, à éclat vitreux, de couleur grisâtre, jaune ou rose violacée, dureté 5 — 6; densité 3,36; donne de l'eau au tube, perd 15 0/0 au feu; pour le reste, même réaction que le Corindon; provient de l'Oural ou de la Hongrie.

Alumine magnésiée. — Rubis spinelle, rubis balais, ceylanite $Mg\,Al^2\,O^4$. — Substance toujours cristallisée en octaèdre, inattaquable aux acides, de couleur rose plus ou moins pâle ; transparent, vitreux, souvent sali par des oxydes ; il peut être rouge, brun, bleu, vert ou noir. Densité 3,6 ; dureté 8. Se rencontre dans les terrains anciens, à Ceylan, au Vésuve et en Auvergne.

Alumine sous-sulfatée alcaline. — Pierre d'alun, alunite, — F. A.. $K^2\,O, 3\,Al^2\,O^3, 4\,S\,O^3\,6\,H^2\,O$ — F. E.. $K\,O, S\,O^3 + 3\,Al^2\,O^3, S\,O^3 + 6\,H\,O$. Substance pierreuse, grisâtre, quelquefois cristalline, infusible au chalumeau, donnant de l'eau au tube, partiellement soluble dans l'eau, après calcination ; sur le charbon avec la soude donne un hépar ; dureté 3,5 — 4 ; densité 2,78. Se trouve à la Tolfa près Civitta-Vecchia, en Hongrie et au Mont-Dore. Est employée à l'extraction de l'alun.

Alumine phosphatée hydratée. — Calaïte, Turquoise — F. A.. $2\,Al^2\,O^3, P^2\,O^5.\ 5\,H^2\,O$ — F. E.. $Al^2\,O^3, P\,O^5 + 5\,H\,O$. Masse compacte colorée en bleu par un peu de cuivre, éclat cireux, soluble dans les acides, donne de l'eau au tube, colore la flamme en bleu ou vert. Densité 2,8 ; dureté 6 ; provient de la Perse et de l'Arabie. La turquoise d'Occident ou de nouvelle roche provient du Gers et est fournie par des dents du Dinothérium pénétrées d'une certaine quantité de fer et de cuivre.

Alumine phosphatée fluatée. — Amblygonite — F. A.. $Al^6\,Na\,Li^5\,Fl^4\,P^6\,O^{25}$ — F. E.. $(5\,Li\,O, Na\,O)\,P\,O^5 + 5\,Al^2\,O^3, 3\,P\,O^5 + Al\,Fl^3$. — Ordinairement en masses laminaires blanchâtres, translucide, d'un éclat vitreux — corrode le tube, quand on l'y chauffe; difficilement attaquable par les acides; facilement fusible au chalumeau; dureté 6; densité 3,05 — 3,11; poussière blanche provient de Montebras (Creuse). M. Thénard en a proposé l'emploi en agriculture, après lui avoir fait subir un traitement chimique.

Alumine fluatée alcaline. — Cryolite — F. A.. $Al^2 Fl^6$, 6 Na Fl — F. E.. 3 Na Fl + $Al^2 Fl^3$.

Masses cristallines, blanches de neige, fragiles, à éclat vitreux, fusibles à la flamme d'une bougie, solubles dans l'acide sulfurique avec dégagement d'acide fluorhydrique; dureté 2,5 — 3; densité 2,9 — 3. Provient du Groënland et de l'Oural. Est employée à l'extraction de l'aluminium.

La chiolite est un autre fluorure plus riche en aluminium et en fluor; rare.

ARGILES.

On donne le nom d'argiles à des substances de compositions très-diverses, ayant pour propriétés communes : de faire pâte avec l'eau, de perdre cette propriété lorsqu'elles ont été chauffées au rouge, d'être onctueuses, tenaces, de happer plus ou moins à la langue, et de dégager de l'eau au tube. On peut les diviser en cinq sections :

Argile pure ou Kaolin,
Argile plastique ou Glaise,

Argile smectique,
Bols ou Ocres,
Argiles calcarifères ou Marnes.

Le Kaolin, ou terre à porcelaine, est une argile très-pure qui provient de la décomposition sur place du feld-spath des roches granitiques; infusible au chalumeau; attaquable, à chaud, par l'acide sulfurique; d'une densité de 2,25; fait difficilement pâte avec l'eau, happe légèrement à la langue, devient bleu avec le nitrate de cobalt. Le Kaolin le plus pur provient de Saint-Yriex (Haute-Vienne). Il renferme :

Silice	48,68
Alumine	36,92
Soude	0,58
Magnésie	0,52
Eau	13,13
Perte	0,17

On l'emploie à la fabrication des porcelaines fines. Près de nous, on en trouve à la Largère, commune de Louisfert.

L'Argile plastique. — Terre glaise, terre de pipe — est compacte, d'une texture dense, uniforme, douce, onctueuse au toucher, happant à la langue, dégageant une odeur dite argileuse bien connue, fait avec l'eau une pâte très-longue, est infusible au chalumeau, subit un retrait considérable lorsqu'elle est calcinée et est attaquable par l'acide sulfurique; sa couleur varie du blanc grisâtre au gris-noir en passant par le jaunâtre, le rosé, le bleuâtre et le violacé. Densité 1,7 à 2,7.

La composition chimique est assez variable :

	DREUX.	VAUGIRARD.	MONTEREAU.
Silice	50,06	51,84	64,4
Alumine.	35,2	26,10	24,6
Peroxyde de fer.	0,04	4,91	»
Chaux.	»	2,25	»
Magnésie	»	0,23	»
Eau	13,1	14,58	10
Perte	0,7	0,09	1

Ces argiles sont employées à la fabrication des faïences et des poteries.

L'Argile smectique. — Terre à foulon, Figuline, Pierre à détacher, Savon de soldat — est un produit de sédiment qui forme des bancs puissants, se délaye mal dans l'eau en formant une pâte peu malléable; fusible au chalumeau en un émail gris opaque, attaquable par les acides; densité 1,7 à 2,4; happe peu à la langue, absorbe les graisses.

La composition en est assez variable. Nous la trouvons près de nous dans la lande du Jarriaie, commune d'Héric, et à Saffré. On l'utilise au dégraissage des draps et à la fabrication des poteries grossières; tuiles, briques, etc.

Les **Bols** ou **Ocres** sont des argiles très-ferrugineuses, à cassure terreuse ou compacte, opaques, rouges, brunes ou jaunes, fusibles en un émail brun ou jaune, happant à la langue, d'une densité de 1,6 à 2.

La Sanguine est employée par les menuisiers; l'ocre jaune, la terre d'Ombre et la terre de Sienne sont employées en peinture; enfin le bol d'Arménie est employé en médecine.

L'Argile calcarifère ou **marneuse.** — Marne — se distingue nettement des précédentes par la propriété de faire effervescence avec les acides.

Elle se délite aussi beaucoup plus rapidement dans l'eau.

C'est, au point de vue agricole, une des substances les plus importantes. — Nous verrons dans notre Cours de Chimie que le dosage du calcaire présente un grand intérêt pour l'agriculteur, mais je dois vous dire que l'étude de ses propriétés physiques n'a pas moins d'importance que celle de sa composition.

L'essai physique d'une marne se fait assez simplement; on prend un bloc d'un kilogramme de la roche marneuse, on le met dans une terrine, on le recouvre complètement d'eau et on laisse en repos pendant une heure; au bout de ce temps on agite le vase et on décante rapidement le liquide, on remplace celui-ci par d'autre, on agite aussitôt fortement et on décante à nouveau; on recommence cette opération jusqu'à ce que le liquide décanté soit limpide; on dessèche alors les blocs non délitables et on les pèse; on peut les considérer comme étrangers à la marne, si un essai qualitatif n'y démontre pas la présence du calcaire en forte proportion; il m'est arrivé, en effet, d'essayer des marnes du canton de Voves (Eure-et-Loir) qui laissent un résidu non délitable très-abondant, très-riche en calcaire et qui, par l'effet des gels et dégels successifs, se délitaient entièrement.

On peut classer les marnes, suivant les proportions de leurs divers constituants, en

Marnes calcaires, contenant au moins 50 et au plus 95 0/0 de calcaire, convenant aux terres très-argileuses ou très-siliceuses.

Marne de BESSAY (Eure-et-Loir)

Carbonate calcique	93,17
Silicate d'alumine	6,78
Acide phosphorique	traces.
Oxyde de fer	0,03
Magnésie	traces.
Perte à l'analyse	0,02

Marnes argileuses contenant plus de 50 0/0 d'argile et moins de 25 0/0 de silice. Convenant aux terres siliceuses ou calcaires.

Marne des environs de PAU (Basses-Pyrénées).

Carbonate calcique	10,02
Oxyde de fer	2,15
Argile	62,38
Silice	17,49
Humidité	7,74
Perte	0,22

Marnes siliceuses, celles dans lesquelles la proportion de silice est supérieure à 50 0/0.

Marnes humifères, celles qui contiennent une notable proportion de matières organiques.

Marnes magnésiennes, celles qui contiennent de la magnésie.

On ne trouve guère de marne dans nos environs, si ce n'est à l'ouest de Saffré et à la Robinière près Nort; encore ne peut-on guère donner ce nom au produit jaunâtre qui semble être un mélange du calcaire délité avec l'argile qui le recouvre.

CLASSE DES MINÉRAUX MÉTALLIQUES.

GENRE FER.

Fer natif. — Fer volcanique, acier natif, fer météorique, météorite, aérolithe, bolide — Fe. — Le fer terrestre, très-rare du reste, diffère du fer météorique en ce que ce dernier renferme toujours de 4-16 0/0 de nickel avec traces de cobalt, cuivre, chrôme, manganèse, etc. — couleur gris de fer avec des reflets bleuâtres, très-tenace, ductile, très-magnétique, dureté 6; densité 7,78; facilement soluble dans l'acide chlorhydrique, infusible au chalumeau — Le fer météorique donne d'excellents aciers; M. Boussingault rapporte que le gouvernement de la Colombie fit faire, avec un bloc trouvé à Santa-Rosa, une épée qui fut offerte à Bolivar, libérateur de ce pays. — Il existe quelques météorites célèbres :

La météorite de Pallas trouvée à Krasno-Jarsk en 1749;

La météorite de La Caille (près Grasse) cédée par M. Brard au Muséum de Paris pèse 590 kilos;

La météorite de la mosquée de la Mecque qui, dit la tradition, est tombée blanche, mais est devenue noire par suite de l'absorption des péchés des pèlerins.

On constate annuellement la chute de 5-600 météorites qui renferment presque toujours du Péridot.

Fer oxydulé. — Magnétite, aimant, pierre d'aimant, mine d'acier — Fe^3O^4. — Se présente soit cristallisé dans le premier système, soit cristallin, soit compact; d'un noir de fer, souvent mélangé de sesqui-oxyde anhydre ou hydraté, en masses plus ou moins magnétiques. Difficilement soluble, et à chaud, dans l'acide chlorhydrique; fournissant au feu d'oxydation, avec le borax, une perle rouge sombre à chaud, jaune pâle à froid, et au feu de réduction vert-bouteille; infusible au chalumeau; éclat semi-métallique, poussière noire; dureté 6; densité 4,9 — 5,2.

C'est le plus riche des minerais de fer; il donne jusqu'à 70 0/0 de métal. — M. Tartois l'a trouvé cristallisé en très-beaux octaëdres dans les schistes des Côtes-du-Nord. Les gîtes importants de la Suède sont situés dans les roches cristallisées, il forme quelquefois des montagnes entières, comme à Taberg et à Blagodat dans l'Oural; on le rencontre encore dans les roches calcaires et les schistes secondaires, à l'île d'Elbe, aux environs de Bône (Algérie), à Traverselle (Piémont).

C'est à ce minéral qu'on doit l'aimant. Pline raconte que le berger Magnès vit son bâton ferré et les clous de ses souliers fixés sur une roche sur laquelle il passait et qui n'était autre qu'une masse de fer aimanté, d'où son nom de Magnétite.

Fer oxydé. — Oligiste, fer peroxydé, fer écailleux, fer éclatant, fer micacé, oligiste spéculaire, fer oxydé rouge, hématite rouge — $Fe^2 O^3$. — Ce minéral se trouve soit cristallisé dans le système du Rhomboëdre, soit en masses compactes, granulaires, lamelleuses, fibreuses, oolithiques ou terreuses; d'où ses diverses dénominations.

Les cristaux sont d'un gris métallique foncé, éclatants, irisés à la surface, opaques ou translucides lorsqu'ils sont en lamelles minces. Les variétés cristallines ou amorphes sont plus ou moins rouges; toutes donnent une poussière rouge sang. Infusible au chalumeau. — Chauffé dans la flamme de réduction, devient attirable au barreau aimanté; avec les flux fournit les réactions du fer. — Soluble dans l'acide chlorhydrique concentré et bouillant; dureté 6; densité 5,3.

Ce minéral est très-répandu et constitue un bon minerai, bien que moins riche que le précédent. On l'exploite à la Voulte (Ardèche), dans les Vosges, la Charente, les Pyrénées, à l'île d'Elbe (gîte de Rio). On le trouve encore aux Baux (Bouches-du-Rhône), dans l'Isère, l'Aveyron, l'Auvergne; près de nous, à Nozay, à Blain et à Saint-Gildas-des-Bois.

L'oligiste teint en rouge les argiles, les grès et les terres arables. On le trouve depuis les terrains cristallisés jusque dans le Néocomien.

Fer oxydé hydraté. — Limonite — Hématite brune, fer oxydé brun, fer limoneux, fer en grains, fer des lacs, fer des marais — F. A.. $2\,Fe^2 O^3.\,3\,H^2 O$ — F. E.. $2\,Fe^2 O^3 + 3\,H\,O$.

Ce minéral est rarement cristallisé, on le rencontre très-abondamment répandu dans presque toute la France, mais surtout dans le Berri, le Bourbonnais, la Lorraine, la Franche-Comté, le Languedoc, la Bretagne, soit à l'état d'oolithes ou de concrétions, soit en masses fibreuses, compactes ou pseudomorphiques.

Ce minéral a le défaut de fournir des fontes phosphoreuses lorsqu'il est oolithique; les variétés fibreuses, compactes ou pisolithiques n'ont pas ce défaut.

L'hématite brune est soluble dans les acides, en fournissant souvent un résidu siliceux; elle fournit avec les flux les réactions du fer; dans le tube, elle donne toujours de l'eau; sa poussière est toujours jaune; dureté 5 — 6; densité 3,6 — 4,2.

Se rencontre à Nozay, Abbaretz, Héric, la Hunaudière, etc.

Fer carbonaté spathique. — Sidérose, mine d'acier — F. A.. $Fe\,CO^3$ — F. E.. FeO, CO^2. — C'est un minéral de filon qui, fraîchement extrait de la mine, est blanc, avec un éclat un peu nacré, mais qui brunit ensuite; il cristallise sous les formes du Rhomboëdre. — Soluble dans les acides avec une légère effervescence à froid; dans la flamme réductrice, noircit et devient attirable au barreau aimanté; dureté 3 — 4; densité 3,9.

En France, nous en possédons deux gîtes importants : au Canigou et à Allevard. — On l'emploie comme minerai de fer.

Le Fer carbonaté lithoïde ou fer des houillères se trouve en nodules ou rognons, alignés dans certaines houillères; il a une couleur grise ou brune jaunâtre; au chalumeau et aux acides, il donne les réactions de la Sidérose; sa densité varie de 3,2 — 3,5.

C'est le minerai courant des Anglais, en France, il n'est guère utilisé qu'à Aubin, au Creusot et à Saint-Etienne.

Le fer carbonaté est souvent allié à des carbonates de calcium, de magnésium et de manganèse.

Fer sulfuré. — Cette espèce est représentée par trois variétés bien distinctes, dont deux, la pyrite et la marcassite, ont même composition, la pyrrhotine a une composition plus complexe.

Pyrite. — Pyrite martiale, fer sulfuré jaune, pyrite cubique — FeS^2. — Substance d'un jaune brillant analogue au bronze poli, inaltérable à l'air, cristallisant en cubes souvent striés ou dans le système cubique; formant des dentrites dans les ardoises; est souvent pseudomorphique dans les ammonites; minéral de filon.

Au chalumeau, répand une odeur d'acide sulfureux et se transforme facilement en peroxyde rouge qui fournit, avec les flux, les réactions du fer. Attaquable par les acides oxygénés seulement; dureté 6 — 7; densité 4,9 — 5,2; se trouve fréquemment dans les grès qui servent à l'entretien des routes de Nozay.

On l'emploie à l'extraction du soufre ou de l'acide sulfureux pour les fabriques d'acide sulfurique.

Marcassite. — Sperkise, fer sulfuré blanc, pyrite blanche — $Fe\ S^2$. — Substance d'un jaune pâle ou d'un jaune verdâtre, se décomposant facilement à l'air humide et se transformant en sulfate de fer, cristallisant dans le système du prisme orthorhombique; les cristaux sont souvent groupés, au nombre de cinq, autour d'un axe commun; présentant en dehors de ceux-ci les mêmes caractères minéralogiques que la pyrite jaune; densité 4,6 — 4,8.

Elle existe dans les lignites, dans les cendres pyriteuses du Soissonnais; c'est elle qui, dans certains schistes de Nozay, produit le Salpêtre (suivant l'expression de nos carriers). On la trouve également à Héric, près du canal de Nantes, à Brest. — On l'emploie à la fabrication du vitriol vert. Les terres qui renferment de la Sperkise ne doivent être défoncées qu'à la charrue sous-soleuse.

Pyrrothine-Magnetkise, fer sulfuré magnétique, pyrite magnétique, magnétopyrite — $Fe^7 S^8$. — Se distingue des précédentes par la propriété d'agir sur l'aiguille aimantée; sa couleur est jaune laiton, mêlée de rougeâtre ou brun de tombac; elle est décomposée et soluble en partie dans l'acide chlorhydrique avec dégagement d'hydrogène sulfuré; on la trouve dans les diorites de Saint-Herblain, près Nantes. — On l'emploie également à fabriquer du vitriol vert.

Fer sulfuré Arsenical. — Mispickel, Pyrite arsénicale, Arsénopyrite — $Fe\ As^2 + Fe\ S^2$. — Minéral gris clair ou blanc d'argent, cristallisant dans le système orthorhombique, se présentant également en masses cristallines, fibreuses ou compactes. — Soluble dans l'acide chlorhydrique concentré avec dépôt de soufre; dans le tube fermé, donne d'abord un sublimé rouge, puis un sublimé noir métallique; dans le tube ouvert donne un sublimé blanc et répand une odeur sulfureuse; sur le charbon, donne à la fois une odeur arsénicale et une odeur sulfureuse et laisse après réduction, un globule attirable au barreau aimanté; densité 6 — 6,63; dureté 5,5; fait feu au briquet en répandant une odeur alliacée. — Le Mispickel se trouve dans les filons d'étain et d'argent, dans les serpentines; près de nous, dans les granits de la Chapelle-sur-Erdre. — Il est employé à l'extraction de l'arsenic.

Fer Chrômé. — Chrômite, Sidérochrome — $FeCr^2O^4$.

Ce minéral, outre l'oxyde de fer et l'oxyde de chrôme, renferme toujours une certaine proportion d'alumine. Il présente de grandes analogies avec le fer oxydulé; on le trouve sous forme de petits octaëdres réguliers, en masses grenues ou compactes, d'une couleur noir de fer, donnant une poussière jaune brune.

Au chalumeau, devient magnétique sans fondre.

Avec le borax, donne, à chaud et au feu d'oxydation, les couleurs du fer, à froid il prend une teinte verte émeraude; dureté 5 — 6; densité 4,3 — 4,5. Se trouve aux environs de Fréjus (Var).

Sert de minerai pour la préparation du chrômate de potasse.

Fer titané. — Ilménite, Ménaccanite, Titane oxydé ferrifère — $Ti\ Fe\ O^3$. — Ce minéral est presque toujours mélangé de fer oxydé; il se présente en cristaux rhomboëdriques comme l'hématite rouge, ou en grains de couleur noir de fer, à éclat semi-métallique, difficilement soluble dans l'acide chlorhydrique. La solution filtrée et chauffée avec de l'étain prend une belle couleur bleue ou violette qui passe au rose quand on l'étend d'eau. — Infusible au chalumeau; avec le sel de phosphore et l'étain, donne la couleur violacée du Titane. Poussière noire; dureté 5 — 6; densité 4,5 — 5.

On le rencontre sur les bords de la Loire sous forme de petits grains alignés sur le sable.

GENRE TITANE.

Titane Oxydé. — Rutile — $Ti\ O^2$.

Prisme à base carrée modifié sur les arêtes verticales, surmonté d'un octaëdre; à éclat vif, semi-métallique, insoluble dans les acides — infusible au chalumeau; avec le sel de phosphore donne une perle incolore qui, au feu de réduction, avec addition d'étain prend une couleur violacée; dureté 6 — 6,5; densité 4,25; poussière brune claire.

Se trouve dans les environs de Saint-Yriex, à Saint-Christophe (Isère), et à Moutiers (Savoie) dans les terrains cristallisés.

Est employé à la fabrication de certains émaux.

GENRE MANGANÈSE.

De même que la Magnésie est presque toujours la compagne de la chaux, le Manganèse est le compagnon presque inséparable du fer. Le métal est, du reste, fort difficile à isoler par réduction.

Manganèse oxydé. — Pyrolusite, peroxyde de Manganèse — $Mn O^2$. — Roche tantôt compacte, tantôt terreuse, douée d'un éclat métalloïde, d'un gris d'acier ou d'un noir de fer, assez rarement cristallisée.

La poussière chauffée au tube avec de l'acide chlorhydrique dégage du chlore. — Infusible au chalumeau — avec le borax et le sel de phosphore donne des perles violettes au feu d'oxydation, incolores au feu de réduction; densité 4,85; dureté 2—3; — poussière noire.

Caldéron (Aude).

Employé pour la préparation de l'oxygène, du chlore et des chlorures décolorants et pour le blanchiment du verre.

Manganèse oxydé barytifère. — Psilomélane — $Ba Mn O^3$. — Ce n'est, à proprement parler, qu'une variété de la pyrolusite mélangée avec de la baryte et divers oxydes anhydres ou hydratés de Manganèse et quelquefois avec de la potasse. Un échantillon provenant de Romanêche m'a offert la composition suivante :

Oxyde de manganèse	75,53
Baryte	13,17
Silice	5,51
Eau combinée	3,96
Humidité	1,66
Perte à l'analyse	0,17

Il se présente en concrétions à structure fibreuse, stalactiforme, réniforme ou amorphe, de couleur un peu bleuâtre. Il se distingue de l'espèce précédente par sa grande dureté et par la présence de la baryte qui s'y trouve dans la proportion de 12-16 0/0. — Donne de l'eau au tube. La solution chlorhydrique étendue précipite par l'acide sulfurique; densité 3,7 — 4,5; dureté 5 — 6; poussière noire.

Romanêche, près Mâcon, Excideuil et Thiviers (Dordogne).

Mêmes usages que la Pyrolusite.

Manganèse oxydé hydraté. — Acerdèse — F. A.. $Mn^2H^2O^4$ — F. E. Mn^2O^3+HO. — Se présente à l'état cristallisé dans le système orthorhombique, fibreux ou compact. Donne de l'eau au tube; dureté 4; densité 4,2 — 4,4; poussière brune, autres caractères du genre Manganèse.

Non exploité en France. — Hartz.

GENRE ZINC.

Zinc sulfuré. — Blende — Zn S. — Minéral de filon, se présentant en cristaux appartenant au premier système ou en masses cristallines, fibreuses, concrétionnées ou compactes. De couleur variable, jaune, brun, rouge brun ou noirâtre; à éclat variable, adamantin ou cireux; certaines variétés sont phosphorescentes. Décrépite fortement au chalumeau; sur le charbon donne une auréole jaune à chaud, blanche à froid, verdissant par addition de la solution de nitrate de cobalt. Avec l'acide sulfurique, se dissout lentement en dégageant de l'acide sulfhydrique; dureté 3 — 4; densité 3,9 — 4,2; poussière claire.

On la trouve dans le Gard, la Charente, l'Ardèche, l'Isère, le Var, les Pyrénées-Orientales, l'Ille-et-Vilaine, etc.; à Nantes, au coteau de Miseri. Employé à l'extraction du Zinc.

Zinc carbonaté. — Smithsonite — $CO^3 Zn$. — Masses compactes ou concrétionnées, renfermant des cristaux dérivant d'un Rhomboëdre — fait effervescence avec les acides; se dissout sans gelée siliceuse; infusible au chalumeau; sur le charbon, donne les réactions signalées pour la Blende. D'un blanc jaunâtre ou grisâtre, quelquefois verdâtre ou vert lorsqu'il est allié à un peu de cuivre; dans ce cas les flux donnent les réactions de ce métal; dureté 5; densité 4,3 — 4,5; poussière blanche.

Chessy (cristaux verts) — Santander (Espagne) — à la Vieille-Montagne, près Aix-la-Chapelle.

Constitue un des meilleurs minerais de Zinc.

Zinc silicaté. — Calamine, Zinc oxydé siliceux — F.A.. $Si O^2 (Zn O)^2 H^2 O$ — F.E.. $2 (Zn O) Si O^3 + 3 H O$.

— Masses concrétionnées ou compactes, renfermant des géodes tapissées de cristaux dérivant du prisme orthorhombique, pyroélectriques, à éclat vitreux, solubles en gelée dans les acides. Presque infusibles au chalumeau, — avec le nitrate de cobalt prend une teinte verte mélangée de bleu sur les parties fondues; éclat vitreux — incolores, blanches, grises, jaunes, brunes, bleues, vertes; dureté 5; densité 3,35 — 3,50.

Mêmes gisements que la Smithsonite.

Employé à l'extraction du Zinc.

GENRE ÉTAIN.

Etain oxydé. — Cassitérite — $Sn\,O^2$. — Se rencontre sous forme de masses mamelonnées, de couleur acajou, formées de couches concentriques, à texture fibreuse (étain de bois); à l'état amorphe sous forme de cailloux ou de petits grains, ou en cristaux dérivant du prisme droit à base carrée, à éclat adamantin, transparentes, translucides ou opaques, de couleur variant du noir au brun clair. Inattaquable aux acides — infusible au chalumeau — avec le borax fond facilement en émail; avec la soude donne un culot d'étain métallique; densité 6,9; dureté 6 — 7.

Se rencontre près de nous, à Piriac (Loire-Inférieure) et Pénestin (Morbihan); à Montebras (Creuse), Vaubry (Haute-Vienne). Les mines les plus célèbres sont celles de Banca et Malacca (Indes-Orientales) et du Cornwal (Angleterre).

Employé à l'extraction de l'étain.

GENRE PLOMB.

Plomb sulfuré. — Galène — Pb S. — Minéral de filon, se présentant le plus souvent sous forme de masses cristallines passant à une structure finement grenue ou compacte. La galène renferme très-souvent une certaine quantité d'argent (jusqu'à 1 0/0), dans ce cas elle est à grains fins et brillants.

Couleur gris-bleuâtre, vif éclat métallique.

Partiellement soluble dans l'acide azotique, soluble à chaud dans l'acide chlorhydrique. Au chalumeau, sur le charbon, décrépite d'abord et fond très-facilement en donnant une auréole jaune et un culot métallique malléable. Densité 7,3 — 7,6; dureté 2 — 3; poussière grise de plomb.

On rencontre la Galène près de nous, à Crossac (Loire-Inférieure), à Poullaouen et à Huelgoat (Finistère), Pont-Péan, près Rennes (Ille-et-Vilaine), Allone et Confolens (Charente), Pont-Gibaud (Auvergne).

Employé à l'extraction du plomb et au vernissage de certaines poteries communes.

Plomb carbonaté. — Céruse — CO^3Pb. — Se trouve en cristaux dérivant d'un prisme Rhomboïdal droit de 117°14' en masses bacillaires, compactes ou terreuses, de couleur blanche, grise ou jaunâtre. Soluble avec effervescence dans les acides; dureté 3 — 4; densité 6,5. Autre caractère du genre plomb. Moins important minéralogiquement que le précédent. Se rencontre dans les mêmes gisements. Mêmes usages.

Plomb phosphaté. — Pyromorphite — F. A.. $(PO^4)^3 Pb^5 Pb Cl$ — F. E.. $3(Pbo)^3 Po^5 + Pb Cl$. — Ce minéral, comme le précédent, accompagne parfois la Galène, est fréquemment cristallisé, ou en masses fibreuses, concrétionnées ou compactes, vertes, brunes, ou blanches; fusible au chalumeau, en une perle qui, par refroidissement, prend une forme polyédrique. — Dureté 3,5; densité 7.

Huelgoat (Finistère), Pont-Péan (Ille-et-Vilaine).

Employé à l'extraction du plomb.

GENRE CUIVRE.

Le cuivre est, après le fer, le métal le plus usuel; ses minéraux sont fort nombreux, nous ne verrons que les principaux.

Cuivre natif. — Cu. — En France on ne rencontre guère ce minéral qu'accidentellement à Sainte-Marie-aux-Mines, Chessy et Saint-Bel.

Il est de couleur rouge bien connue; — fusible au chalumeau — se dissout dans l'acide nitrique qu'il colore en bleu; densité 8,5 — 9; dureté 3.

Cuivre pyriteux. — Chalcopyrite, pyrite cuivreuse — $Cu^2S. + Fe^2S^3$. — On le rencontre rarement à l'état cristallisé; il dérive alors du prisme droit à base carrée, mais presque toujours à l'état concrétionné ou compact; de couleur jaune laiton, à éclat métallique, donnant avec l'acide nitrique une dissolution verte; réductible au chalumeau en un culot métallique; avec le borax, donnant, au feu de réduction, du cuivre métallique; dureté 3,5 — 4; densité 4,2; poussière noire-verdâtre.

Chessy et Saint-Bel, près Lyon; Baigorry (Pyrénées); La Gardette (Isère). C'est le principal minerai de cuivre.

Cuivre sulfuré. —Chalcosine— Cu^2S.—Se trouve en cristaux de forme hexagonale dérivés d'un prisme Rhomboïdal droit ou plus généralement en masses compactes noires de fer. — Facilement réductible sur le charbon; soluble dans l'acide azotique avec séparation de soufre et coloration de la solution en vert; se laisse couper au couteau; dureté 2,5; densité 5,5 — 5,8; rare. C'est un des minerais les plus riches.

Cuivre oxydulé. —Cuprite—Cu^2O.—Beaux cristaux octaëdriques ou dodécaëdriques, de couleur rouge foncé, recouverts souvent d'un enduit vert de carbonate. — Avec les flux donne les réactions du cuivre, perle verte au feu d'oxydation, rouge brique au feu de réduction; dureté 3,5 — 4; densité 5,7 — 6; poussière rouge brique.

Chessy près Lyon.

Employé à l'extraction du cuivre.

Cuivre carbonaté. — Cette espèce renferme deux sous-espèces :

1° *Le cuivre carbonaté bleu.* — Azurite ou chessylite — F. A.. $(CO^3 Cu)^2 Cu H^2 O^2$ — F. E.. $2 Cu O, CO^2 + Cu O H O$. — Souvent en cristaux brillants d'un beau bleu dérivant d'un prisme rhomboïdal oblique, donnant de l'eau au tube, solubles avec effervescence dans les acides, à éclat vitreux et à cassure conchoïdale.

Dureté 3,5 — 4 ; densité 3,76 — 3,83 ; poussière bleue claire. Chessy.

Employé à la confection d'objets d'ornement et à l'extraction du cuivre.

2° *Le cuivre carbonaté vert.* — Malachite — F. A.. $C O^3 Cu^2 H^2 O^2$ — F. E.. $Cu O, C O^2 + Cu O H O$. — Rarement cristallisé, le plus souvent en masses concrétionnées à structure rubanée et fibreuse ; au tube noircit et donne de l'eau ; fusible, au charbon, en un culot métallique, soluble avec effervescence dans les acides ; à éclat vitreux ou soyeux, de couleur verte émeraude ou vert de gris — aux flux, réactions du cuivre.

Dureté 3,5 — 4 ; densité 3,7 ; poussière verte-pâle.

Les plus beaux échantillons viennent de la Sibérie, on les emploie pour la confection de vases, de tables et autres objets d'ornement ou pour l'extraction du cuivre.

Nous citerons parmi les autres minéraux de ce genre :

Le Panabase ou cuivre gris — F. A.. $(Cu^2 S)^4 Sb^2 S^3$ — F. E.. $(Cu^2 S)^4$, Sb S^3 — renferme en outre de l'argent;

L'Atacamite ou cuivre muriaté — F. A.. Cu Cl^2, (Cu $H^2 O^2)^3$ — F. E.. Cu Cl + Cu O H O;

La Phillipsite ou cuivre panaché — F. A.. $(Cu^2 S)$ $Fe^2 S^3$ — F. E.. $(Cu^2 S)^5$, $Fe^2 S^3$.

GENRE TUNGSTÈNE.

Fer tungstaté. — Wolfram — F. A.. (Fe Mn) W O^4 — F. E.. (Mn O, Fe O) W O^3.

Minéral peu important que l'on trouve à Saint-Léonard et Chantelaube, près Limoges. En masses lamellaires brunâtres intercalées dans du quartz, fusible au chalumeau en un globule magnétique cristallin. Soluble dans les acides avec dépôt jaune d'acide tungstique; la solution mise en contact avec du zinc devient bleue. Avec la soude fournit la réaction du Manganèse; dureté 5,5; densité 7—7,50; poussière brune-rouge. Sert à la préparation de couleurs et à la fabrication de l'acide tungstique et de l'acier de tungstène.

GENRE URANE.

Nous employons en chimie, pour l'analyse des phosphates, du nitrate d'Urane qui se prépare avec le

Pechurane — $U^3 O^4$. — Ce minéral est souvent

mélangé d'oxydes de fer et de plomb, de chaux, de magnésie et de silice, ordinairement amorphe, à cassure conchoïdale ou inégale, à éclat résineux — infusible au chalumeau, donnant avec les flux une perle verte-jaune au feu d'oxydation, verte au feu de réduction — soluble dans l'acide azotique; dureté 5,5; densité 6,4 — 8; poussière noire-verdâtre ou brunâtre; Bohême, Saxe, Hongrie, Cornouailles.

Employé à la fabrication des émaux et des sels d'Urane.

On trouve en France, à Autun, un minéral appelé

Autunite ou Uranite, c'est un phosphate hydraté d'urane et de chaux — F. A.. $CaU^2P^2O^9$. $12H^2O$ — F. E.. $2CaO, PO^5 + 4U^2O^3, PO^5 + 24HO$. — Se présentant en cristaux tabulaires dérivant d'un prisme rhomboïdal droit, d'un jaune-verdâtre, avec un éclat nacré sur les faces de clivage. — Soluble dans l'acide azotique; donnant de l'eau au tube, fusible au chalumeau en une masse noire. Donnant, avec les flux, les réactions déjà signalées; dureté 1—2; densité 3—3,2.

GENRE MERCURE.

Mercure natif. — Hg. Liquide, brillant; densité 13,59.

Almaden (Espagne), Idria (Carniole).

Mercure sulfuré. — Cinabre — Hg S. — Masses

cristallines d'un rouge vif, se sublimant au tube fermé, et, au tube ouvert, donnant du mercure métallique; inattaquable aux acides, si ce n'est par l'eau régale; dureté 2—3; densité 8—8,2; poussière rouge.

Almaden, Idria, Californie, Chine, Japon.

GENRE ANTIMOINE.

Antimoine sulfuré. — Stibine — F. A.. Sb^2S^3 — F. E.. SbS^3. — En beaux cristaux, en masses grenues ou en aiguilles rayonnées, d'un gris de plomb, à éclat métallique; attaquable par l'acide chlorhydrique, à chaud, avec production d'acide sulfhydrique, très-fusible, entièrement volatil sur le charbon en donnant des fumées blanches et une odeur sulfureuse; enduit blanc légèrement bleuâtre; dureté 2; densité 4,6; poussière grise.

Mercœur (Haute-Loire), Malbosc (Ardèche), Massiac (Cantal), Saint-Florent (Gard). Près de nous, au nord-ouest d'Oudon (arrondissement d'Ancenis).

Employé à l'extraction de l'Antimoine.

GENRE NICKEL.

Nickel Arsénié. — Nickéline — Ni As. — En petits cristaux assez rares, ou en masses compactes, d'une couleur rouge cuivre, à éclat métallique. Soluble dans l'acide azotique en donnant un liquide vert. Sur le charbon donne des vapeurs arsénicales et un globule métallique; dureté 5 — 5,5; densité 7,4 — 7,7; poussière brune noirâtre ou grisâtre.

Allemont (Dauphiné), Nouvelle-Calédonie.

Employé à l'extraction du Nickel.

MÉTAUX PRÉCIEUX.

On les trouve généralement à l'état natif.

L'**Or** — Au. — Se rencontre en France dans les sables de quelques fleuves et rivières. A la Gardette (Isère); les orpailleurs du Rhône, établis autrefois aux environs de Montélimart, disparaissent chaque jour; l'Ardèche, l'Ariége, le Gardon, l'Hérault, la Garonne en charrient de petites quantités; la Russie et la Hongrie sont les deux pays d'Europe qui en fournissent le plus; mais c'est de l'Australie et de la Californie qu'on en retire les plus grandes quantités; dureté 2,5 — 3; densité 15,6 — 19,4, suivant qu'il renferme plus ou moins d'argent.

Argent — Ag. — Se rencontre sous forme de cristaux, de dendrites, de filaments contenant souvent du cuivre. Fusible, soluble dans l'acide azotique, la dissolution précipite en blanc caillebotté par l'acide chlorhydrique; dureté 2,5 — 3; densité 10,1 — 11,1.

On extrait encore l'argent de l'

Argent sulfuré. — Argyrose — F. A.. $Ag^2 S$ — F. E.. Ag S.

Argent antimonié. — Argyrythrose — F. A.. $(Ag^2 S)^3 Sb^2 S^3$ — F. E.. $3 Ag S, Sb S^3$.

Argent muriaté. — Cerargyre, argent corné — $Ag Cl$.

Le **Platine** — Pt. — Nous vient surtout de Sibérie; on en frappa des monnaies en Russie. Il est allié aux Rhodium, Palladium, Iridium, Osmium et Fer; dureté 4 — 5; densité 17,5 — 19. — Infusible.

MINÉRAUX SILICATÉS.

SILICE.

La **Silice** — F. A.. Si O^2 — F. E.. Si O^3 — est le minéral le plus abondamment répandu dans la nature; soit libre, soit combinée, elle représente les deux tiers environ de la couche solide du globe. A l'état libre, elle forme deux espèces :

La Silice anhydre ou **quartz**,
La Silice hydratée ou **opale**.

L'espèce **quartz** présente elle-même un certain nombre de variétés basées sur le degré de transparence :

Le Quartz transparent ou **Hyalin**,
Le Quartz translucide ou **Agate**,
Le Quartz translucide sur les bords ou **Silex**,
Le Quartz opaque ou **Jaspe**.

Les diverses variétés de Quartz ont des propriétés communes qui les distinguent nettement de l'Opale.

La densité du Quartz est de 2,6 dans toutes ses variétés; celle de l'Opale est de 2,2.

Les diverses variétés du Quartz sont insolubles dans les solutions alcalines bouillantes; l'Opale y est soluble.

Le Quartz ne donne pas d'eau au tube; l'Opale en

donne. Le Quartz a une dureté de 7; celle de l'Opale est de 6.

Quartz hyalin. — Le plus ordinairement diaphane, mais quelquefois seulement translucide, doué d'un éclat gras, cassure inégale, tantôt cristallisé en prisme hexagonal, dérivant du rhomboëdre, surmonté d'une pyramide hexagonale pouvant présenter des modifications nombreuses, tantôt cristallin, tantôt amorphe. Les cristaux jouissent de la singulière propriété de se dilater deux fois plus dans le sens transversal à l'axe principal que dans la direction de cet axe lui-même. Les couleurs du Quartz hyalin cristallisé sont : l'incolore, l'améthiste, le rose, l'enfumé, plus rarement le bleu et le jaune. Les cristaux incolores renferment quelquefois des géodes remplies de gaz divers, d'eau, d'autres fois de grains de chlorite, de paillettes d'or ou d'étain oxydé, de rutile, de filaments d'asbeste.

Les beaux cristaux de collection proviennent des fours à cristaux de la Suisse; on en trouve beaucoup en Bretagne, et nos environs de Grand-Jouan en sont riches. Filons des carrières de schiste de la Grande-Haie, carrières de Marsac et de Beaulieu.

A l'état massif, le Quartz hyalin peut se rencontrer en masses transparentes, laiteuses, diversement colorées ou en masses granulaires, parmi lesquelles on doit ranger la sous-variété Aventurinée composée de lamelles qui scintillent et renvoient à l'œil des reflets dorés; enfin le Quartz arénacé qui est quelquefois cimenté et porte alors le nom de Grès.

Quartz agate. — Minéral compacte, d'un grain fin et homogène susceptible d'un beau poli et qui n'est que translucide; il présente d'ordinaire des teintes variées et forme un assez grand nombre de sous-variétés parmi lesquelles on doit citer : les agates unicolores telles que les Calcédoines, de couleur gris-bleuâtre; les Sardoines, jaunes-orangées; les Cornalines, rouge-vif ou rouge-cerise; les Chrysoprases, vertes-pâles; les Agates ponctuées, rubanées, arborisées, à fortifications.

On donne le nom d'Onyx aux Agates rubanées de diverses couleurs, employées pour la taille des Camées.

Quartz silex. — C'est une sorte d'agate grossière, à teintes ternes, qui n'est translucide que sur les bords et affecte la forme de rognons blonds, bruns ou noirs, souvent pseudomorphiques. Quelquefois le silex est perforé d'un grand nombre de trous de dimensions variables; il prend alors le nom de Meulière et est employé à la confection des meules de moulin ou comme pierre de fondations. — Les silex sont très-abondants dans le terrain parisien, on les exploite soit comme pierre à feu, soit comme pierres meulières; Epernon (Eure-et-Loir). La Ferté-sous-Jouarre (Seine-et-Marne), etc.; les oursins du terrain crétacé sont remplis de silex pyromaque pseudomorphique; Grignon, etc.; enfin, on trouve des lits de rognons de silex dans la craie ainsi que dans les marnes crayeuses.

Quartz jaspe. — Cette variété est complétement opaque, les couleurs y sont plus vives que dans le silex; le rouge, le vert et le noir y dominent. La Lydienne ou Quartz lydien est une sous-variété du jaspe. Carrières du Grand-Perray et de Vay.

Opale ou **Silice hydratée.** — On pensait autrefois que l'eau était un élément essentiel de la variété hydratée; cette opinion a été abandonnée lorsqu'on a reconnu qu'on pouvait l'éliminer sans que les propriétés physiques ou chimiques soient altérées; l'eau n'y entre que comme liquide d'imbibition.

Lorsqu'elle est pure, l'opale forme la variété **noble** ou **chatoyante**, présentant des couleurs irisées très-belles, dues probablement à un réseau de lamelles minces; elle était très-estimée dans l'antiquité et Marc-Antoine ne dédaignait pas d'employer la proscription pour s'emparer d'une Opale appartenant à un citoyen romain, nommé Nonius; alors, comme depuis, la force primait le droit. Les belles opales viennent des mélaphyres d'Oberstein.

L'**Opale de feu**, presque transparente, rouge feu, vient du Mexique.

L'**Hydrophane**, blanche ou jaune, happe à la langue et devient transparente quand on la trempe dans l'eau.

L'opale se substitue aux tissus ligneux pour former les bois silicifiés ou **pétrifications** qui conservent parfaitement la structure primitive du végétal.

Une variété impure de l'opale porte le nom de **Résinite**, elle a une cassure conchoïde et lisse; la

Mélinite en est une sous-variété que l'on trouve à Ménilmontant (Paris).

'On trouve de la Résinite brune-rouge près de nous, à la Chévrolière.

Les diverses variétés de silice se décomposent fort bien, et l'on peut voir à Beaulieu, près Nozay, une roche de quartz en train de se désagréger complètement pour donner naissance à un terrain siliceux semblable à celui de nos landes.

SILICATES.

La classe des Silicates est de beaucoup la plus nombreuse et la plus compliquée quant à la constitution des espèces qui la forment. Il n'entre point dans notre plan d'en décrire toutes les espèces, dont beaucoup sont sans importance pour nous.

Les Silicates que nous étudierons se divisent en deux familles; celle des Silicates alumineux et celle des Silicates non alumineux.

SILICATES ALUMINEUX.

Feld-spaths.

Autrefois on divisait les Feld-spaths en trois sous-espèces :

1° Le Feld-spath harmophane;
2° Le Feld-spath petrosilex;
3° Le Feld-spath jade.

Cette division ne saurait être gardée, nous n'admettrons que les sous-espèces harmophane et petrosilex.

Le Feld-spath harmophane présente lui-même un certain nombre de variétés, parmi lesquelles il nous faut connaître :

1° Le **Feld-spath Orthose.** — Feld-spath adulaire — Spath fusible, spath étincelant, Orthoklase, Pétunzé. — F. A.. $K^2 Al^2 Si^6 O^{16}$ — F. E.. $KO, Si O^3 + Al^2 O^3 3 Si O^3$.

Cette variété est cristalline ou cristallisée, dérivant du prisme rhomboïdal oblique, a deux clivages, raye le verre, fond difficilement au chalumeau en un émail blanc, est inattaquable par les acides et a une densité de 2,58 ; dureté 6.

Ce silicate, dont la potasse et l'alumine sont les bases principales, peut voir une portion de sa potasse remplacée par une partie équivalente de soude.

Parmi les sous-variétés de l'Orthose, nous devrons citer : le *Cristallisé.* — C'est le plus souvent un prisme très-oblique, à six faces, dont deux des faces latérales font, avec la base, un angle de 90° ; les autres font des angles de 112° 16' ; souvent les faces latérales s'allongent beaucoup dans le sens de la diagonale inclinée du prisme primitif. — Le *Mâclé* — formé par la réunion de deux ou plusieurs cristaux offrant alors des angles saillants et rentrants.

Le **laminaire**,
Le **lamellaire**,
Le **granulaire.**

L'Orthose est souvent transparente, quelquefois opaque; elle est douée parfois de reflets intérieurs très-vifs, avec éclat nacré, elle constitue alors la pierre de lune de Saint-Gothard; d'autres fois, elle est aventurinée comme dans la pierre de soleil de Cedlovatoï, près d'Arkhangel; elle est parfois blanche opaque, comme le Petunzé des Chinois; elle peut être blanc rosé (Servoz, en Savoie); rouge foncé comme dans la Syénite; verte, dans la pierre des Amazones qu'on rencontre en Sibérie : elle doit alors sa coloration à un peu de carbonate de cuivre.

L'Orthose est très-répandue dans la nature, on la trouve parfois isolée en filons au milieu des terrains non stratifiés, le plus souvent associée à d'autres minéraux pour former des roches composées. On trouve d'assez beaux morceaux de ce Feld-spath dans un granit de la carrière du Houx, commune de Vay.

L'Orthose est employée dans la fabrication des porcelaines et des émaux, et en bijouterie;

2° Le **Feld-spath Albite.** — Feld-spath blanc — F. A.. — $Na^2 Al^2 Si^6 O^{16}$ — F. E.. $Na O, Si O^3 + Al^2 O^3, 3 Si O^3$.

Cette variété est cristalline, comme la précédente, mais dérive d'un prisme oblique à base parallélogramme; elle a aussi deux clivages, dont un moins facile que celui de l'Orthose comme laquelle il se comporte à peu près aux acides; au chalumeau l'Albite est un peu plus fusible que l'Orthose et colore la flamme en jaune; dureté 6; densité 2,63.

Bien que moins répandue que l'Orthose, l'Albite forme encore de nombreuses variétés.

Cristallisée, elle est le plus souvent maclée, alors l'angle que forme la face latérale n'étant plus de 90°, mais de 93° 36', il en résulte que la juxtaposition de deux demi-cristaux forme une gouttière à une extrémité du cristal et une arête à l'autre.

Quelques auteurs ont fait d'une sous-variété de l'albite une variété principale sous le nom de *Péricline*.

3° Le **Feld-spath Labrador.** — Labradorite, pierre de Labrador, Feld-spath opalin — F. A.. $CaAl^2Si^3O^{10}$ — F. E.. $(CaO, FeO)SiO^3 + Al^2O^3SiO^3$. — Il entre dans ce Feld-spath de 1 — 5 0/0 de soude, ainsi que des traces de potasse, de magnésie et de fer. On rencontre rarement cette variété isolée, si ce n'est au Labrador et en Finlande; elle constitue des masses cristallines blanches, grises, verdâtres, bleuâtres présentant souvent un chatoiement très-vif. — Difficilement décomposé par l'acide chlorhydrique; assez facilement fusible en un verre blanc; dureté 6; densité 2,7.

La Labradorite est utilisée dans l'ornementation et a une valeur assez considérable. — Elle entre comme partie constituante dans un certain nombre de roches d'origine ignée.

4° Le **Feld-spath Oligoclase** — F. A.. $Na^2Al^2Si^5O^{14}$ — F. E.. $(NaO, CaO)SiO^3 + Al^2O^3 2 SiO^3$. — Est assez rarement cristallisé; dérive, comme l'espèce précédente, d'un prisme oblique à base parallélogramme; a même dureté que le Labrador et une densité de 2,63 — 2,73 — Il renferme un peu de chaux, de potasse, de magnésie et d'oxyde de fer.

Presque inattaquable aux acides, difficilement fusible, colore la flamme en jaune.

5° L'**Anorthite.** — Christianite F. A.. $CaAl^2Si^2O^8$ — F. E.. $3CaO, SiO^3 + 3(Al^2O^3, SiO^3)$. — Se présente en petits cristaux vitreux et brillants, transparents ou seulement translucides, dérivant d'un prisme oblique à base parallélogramme; a un clivage très-facile; est très-soluble dans l'acide chlorhydrique en laissant une gelée; fusible au chalumeau; dureté 6; densité 2,7 — 2,75.

On la rencontre à la Somma, en Islande et à Java. — Elle entre comme élément dans la constitution de la Diorite orbiculaire de Corse.

Feld-spath Petrosilex. — Feld-spath compacte, Adinole, Petrosilex agatoïde. — C'est une substance homogène, compacte, à cassure esquilleuse, céroïde, très-difficile à briser, translucide sur les bords; difficilement fusible au chalumeau en un émail blanc.

Le Petrosilex est une roche feld-spathique contenant un excès de silice et moins de potasse que l'orthose; sa dureté est un peu inférieure à celle de ce dernier minéral. — On le trouve ordinairement en filons, dans les roches anciennes, ou associé à divers minéraux comme dans l'Eurite et les Phorphyres; ses teintes les plus communes sont le gris-foncé, le rouge brique, le violacé et le verdâtre; c'est une excellente roche pour la confection des routes et du macadam. On le rencontre principalement dans les étages des talcschistes phylladiformes.

SCHISTES.

On comprend, sous ce nom, un assez grand nombre de variétés formées par des débris de roches de composition diverse, ayant toutes la propriété de se diviser en feuilles plus ou moins épaisses. Ce sont des silicates hydratés d'alumine, de magnésie et de fer, sur le compte desquels nous aurons à revenir dans l'étude des roches.

MICAS.

Or et Argent des chats, Poudre d'or, Pain de corbeau, Verre de Moscovie.

On réunit sous ce nom un certain nombre de minéraux de composition très-variable, car les éléments y présentent les écarts suivants :

Silice.	29.	—	52.
Alumine	28.	—	51.
Oxyde de fer.	0.	—	27.
Magnésie	0.	—	30.
Potasse	0.	—	11.
Lithine.	0.	—	5.
Fluor	0.	—	10.

Mais présentant tous des caractères extérieurs communs, formés de feuillets minces, brillants, à éclat métallique, qui leur ont valu quelques-unes de leurs dénominations vulgaires. Leur dureté est égale à 2,5 et leur densité varie de 2,65 — 3,13.

On divise généralement les Micas en :

1° **Micas potassiques.** — (Moscovite). — F. E.. $KO, SiO^3 + 3(Al^2O^3SiO^3)$ dont les teintes sont généralement le blanc, le vert ou le brun très-pâle, — plus ou moins fusibles en un verre bulleux gris ou jaunâtre; donnant de l'eau au tube, cette eau brunit le papier de Curcuma et présente la réaction du fluor.

2° **Micas magnésiens.** — (Biotite).

$$— F. E.. \left.\begin{matrix} Al^2O^3 \\ Fe^2O^3 \end{matrix}\right\} SiO^3 + \left.\begin{matrix} 3\,MgO \\ 3\,CaO \end{matrix}\right\} SiO^3$$

dont les couleurs sont généralement plus sombres, verts, bruns ou noirs, difficilement fusibles en un verre foncé gris ou noirâtre.

3° Les **Micas ferro-magnésiens**, moins riches en magnésie que les précédents, mais plus riches en protoxyde de fer, de couleur très-foncée, noirs le plus souvent.

4° Les **Micas lithiniques.** — (Lépidolites).

$$— F. E.. \left.\begin{matrix} K \\ Li \end{matrix}\right\} Fl, Al^2O^3, SiO^3$$

dont la couleur est fleur de pêcher, facilement fusibles au chalumeau et colorant la flamme en pourpre; leur dureté peut s'élever jusqu'à 4.

Les Micas se trouvent quelquefois en grandes

lames, on les utilise alors comme vitres en Russie et dans la marine, mais le plus souvent ils sont en petites lames disséminées dans des roches cristallines, telles que les granites, les gneiss et les micaschistes.

LES CHLORITES

Sont des espèces minérales de composition très-voisine de celle des Micas et de caractères extérieurs très-rapprochés; ce sont des Silicates hydratés d'alumine, de fer et de magnésie. — Leurs caractères extérieurs pourraient les faire confondre quelquefois avec les Micas verts, mais les Micas sont flexibles et élastiques, tandis que les chlorites ne sont que flexibles. M. Descloiseaux a fait trois classes de chlorites d'après leur manière de se comporter avec la lumière polarisée; ce sont :

La Pennine — F. A.. $(Mg\,O)^7\,Al^2\,O^3\,(Si\,O^2)^4\,(H^2\,O)^5$ — F. E.. indéterminée;

La Clinochlore — F. A.. $(Mg\,O)^{8\text{-}9}\,Al^2\,O^3\,(Si\,O^2)^5\,H^2\,O^2)^5\,(H^2\,O)^7$ — F. E.. indéterminée;

La Ripidolite — F. A.. $(Mg.\text{ ou }Fe)^9\,O^9\,(Al^2\,O^3)^2\,(Si\,O^2)^5\,(H^2\,O)^7$ — F. E.. $Al^2\,O^3\,(Mg\,O,\,Fe\,O)\,Si\,O^3 + HO$.

Les Chlorites sont onctueuses au toucher, tendres, de couleur verdâtre, difficilement attaquables par les acides, s'exfoliant et blanchissant au chalumeau; d'une dureté de 2 — 3; d'une densité de 2,7.

Les Chlorites sont rarement isolées, elles entrent dans la composition de certaines roches telles que le talc chlorité, la craie et le grès chlorités; on leur donne alors le nom de Glauconie.

A Nantes, on rencontre la Clinochlore dans les carrières du Mont-Goguet.

Nous avons vu les espèces alumineuses qui constituent la plus grande partie des roches composées, et vous me permettrez de citer quelques chiffres empruntés à M. d'Orbigny.

« Si, dit-il, l'écorce terrestre a une épaisseur de 100 kilomètres, dont 1/20 est constitué par les roches sédimentaires,

Le Feld-spath en forme.	48
Le Quartz.	35
Le Mica.	8
Le Talc.	5
Les Carbonates de chaux et de magnésie. . . .	1
L'amphibole, le diallage, le pyroxène, le péridot.	1
L'argile sous toutes ses formes.	1
Les autres roches principales.	1

Ces roches sont, dans l'ordre de leur importance :

Le grenat, l'épidote, l'amphigène, le gypse, l'anhydrite, le sel marin, l'anthracite, la houille, le lignite, l'hydrate de fer, le carbonate de fer, la pinite, le macle, la staurotide, la tourmaline, le soufre, le bitume, le dyssodyle, l'oxyde de manganèse, le bois fossile, la terre d'ombre, la tourbe, le sulfure de fer.

Nous allons voir rapidement les divers silicates alumineux compris dans ces espèces.

GRENATS.

On comprend sous la dénomination de grenats, un certain nombre d'espèces de composition variable, mais cristallisant toutes sous les mêmes formes qui sont le dodécaëdre et le trapézoëdre. Ces espèces ont toutes une composition répondant aux formules générales atomiques $(RO)^3 R^2O^3 3 SiO^2$ équivalente $(RO)^3 SiO^3 + R^2O^3 SiO^3$, dans lesquelles R O représente Ca O, Mg O, Fe O, Mn O, et $R^2 O^3$ représente $Al^2 O^3$, $Fe^2 O^3$ et $Cr^2 O^3$.

Les principales espèces sont :

1° **Le Grossulaire** ou Grenat alumino-calcique. — F. A.. $(CaO)^3 Al^2 O^3 3 SiO^2$ — F. E.. $(CaO)^3, SiO^3 + Al^2 O^3 SiO^3$. — Attaquable par l'acide chlorhydrique, donnant au chalumeau un verre de couleur claire; dureté 6 — 7; densité 3,4 — 3,7; poussière blanche. *Wiluite,* vert-pâle; *Essonite,* brun de canelle ou jaune de miel; *Romanzowite,* rouge-brunâtre.

2° **L'Almandin** ou Grenat alumino-ferreux — Grenat syrien, Grenat oriental — Escarboucle — F. A.. $(FeO)^3 Al^2O^3, 3 SiO^2$—F. E.. $(FeO)^3, SiO^3 + Al^2O^3 SiO^3$ — Généralement rouge-violet, rouge vineux ou brun. Difficilement attaquable par l'acide chlorhydrique; donnant au chalumeau un verre noir, translucide, plus ou moins magnétique; dureté 7 — 7,5; densité 3,5 — 4,3.

On le rencontre à Nantes dans la clinochlore du Mont-Goguet; très-estimé en bijouterie.

3° **Le Pyrope** ou Grenat alumino-magnésien — F. A.. $(MgO)^3 Al^2O^3, 3 SiO^2$ — F. E.. $(MgO)^3, SiO^2 + Al^2O^3 SiO^3$, — dans lequel une partie de la magnésie est remplacée par de la chaux, du protoxyde de fer, du protoxyde de manganèse et du protoxyde de chrôme.

Inattaquable par l'acide chlorhydrique, difficilement fusible au chalumeau en une perle noire non magnétique; dureté 7,5; densité 3,7 — 3,8. Espèce peu commune, employée en joaillerie.

4° **La Spessartine** ou Grenat alumino-manganeux — F. A.. $(MnO)^3, Al^2O^3, 3 SiO^2$ — F. E.. $(MnO)^3, SiO^3 + Al^2O^3, SiO^3$, — dans lequel une partie du manganèse est remplacé par du fer.

Attaquable par l'acide chlorhydrique, donnant au chalumeau un verre noir et avec le borax la réaction du manganèse; de couleur rouge-brun, jaune-clair, ou brun-jaunâtre.

Dureté 7 — 7,5; densité 3,77 — 4,3; poussière blanche.

5° **La Mélanite** ou Grenat ferrico-calcique — F. A.. $(CaO)^3 Fe^2O^3, 3 SiO^2$ — F. A.. $(CaO)^3, SiO^3 + Fe^2O^3, SiO^3$. — Une partie de la chaux peut y être remplacée par du manganèse, de l'yttria ou du titane.

Facilement fusible au chalumeau en un globule attirable á l'aimant; attaquable par l'acide chlorhydrique.

Dureté 7; densité 3,6 — 4,3.

Ce Grenat comprend un grand nombre de sous-variétés qui sont : l'Allochroïte et la Jellettite, vertes plus ou moins foncées; la Topazolite, jaune pâle; la

Colophonite et l'Aplôme bruns, verdâtres ou jaunâtres; la Rothoffite et la Polyadelphite renferment du manganèse, et la Schorlomite du titane.

6° **L'Ouwarowite** ou Grenat chromico-calcique — F. A.. $(Ca\,O)^3$, $Cr^2\,O^3$, $3\,Si\,O^2$ — F. A.. $(Ca\,O)^3$, $Si\,O^3$ + $Cr^2O^3SiO^3$, — de l'Oural, qui est d'un beau vert — inattaquable à l'acide chlorhydrique, infusible au chalumeau, donnant avec le borax, la réaction du chrôme.

Dureté 7,5 — 8; densité 3,4 — 3,5; poussière blanche-verdâtre.

Les Grenats entrent dans la composition des roches comme élément accidentel; on les rencontre principalement dans les pegmatites, les Granites et les diorites, ainsi que dans les roches talqueuses et micacées.

Près de nous, on trouve des Grenats dans les schistes qui environnent la Ville-au-Chef.

ÉPIDOTE.

Synonymie : Thallite, Pistazite, Schorl vert. — F. A.. $(Al^2\,O^3\,Ca\,O)^3$, $H^2\,O$, $6\,Si\,O^2$ — F. E.. 2 $(Al^2\,O^3$, $Fe^2\,O^3)$ $Si\,O^3$ + $3\,Ca\,O$, $Si\,O^3$. Du sesqui-oxyde de fer y remplace une certaine quantité d'alumine, et du protoxyde de fer et de la magnésie y remplacent de la chaux. C'est une substance verte, en cristaux prismatiques accolés, plus ou moins vitreux; inattaquables aux acides; donnant un peu d'eau au tube; attaquables après fusion, se boursouflant au chalu-

BIBLIOTHÈQUE NATIONALE R.F. IMPRIMÉS

meau en une masse brune-noire magnétique; doués de la double réfraction.

Dureté 6 — 7; densité 3,3 — 3,5; poussière blanche ou grisâtre. On la trouve à Nantes dans l'Eurite.

AMPHIGÈNE.

Synonymie : Leucite, Grenat blanc — F. A.. $K^2 Al^2 Si^4 O^{12}$ — F. E.. $3 Al^2 O^3, 2 Si O^3 + 3 K O, 2 Si O^3$.

Un peu de soude y remplace parfois de la potasse.

La similitude de ses cristaux avec ceux du Grenat l'a fait appeler Grenat blanc ou Grenat du Vésuve à cause de sa provenance.

Cristaux en trapézoëdre, à aspect vitreux; couleur blanche grisâtre, quelquefois demi-transparents; complétement solubles dans les acides; infusibles au chalumeau; donnant une coloration bleue avec le nitrate de cobalt; dureté 5 — 6; densité 2,45.

CORDIÉRITE ET PINITE.

Le second de ces minéraux semble n'être qu'une altération du premier par remplacement d'une partie de la magnésie et du fer par de la potasse et de l'eau.

La Cordiérite et la Pinite ont les compositions suivantes ; 1° dans les cristaux de Bavière pour la Cordiérite, 2° d'Auvergne pour la Pinite.

	CORDIÉRITE.	PINITE.
Silice.	48,35	48,92
Alumine	31,70	32,29
Peroxyde de fer	9,27	3,49
Magnésie.	10,16	1,30
Chaux.	0, 0	0,51
Potasse.	0, 0	9,14
Protoxyde de manganèse.	0,33	0,11
Eau.	0,59	4,27

Toutes deux se présentent en cristaux dérivant d'un prisme rhomboïdal droit de 119° 10', généralement accolés les uns aux autres; de couleur bleuâtre ou gris cendré; difficilement fusibles au chalumeau; peu attaquables par les acides; la Pinite donne de l'eau au tube.

Dureté : pour la Cordiérite 7 — 7,5; pour la Pinite 3 — 4; densité pour la Cordiérite 2,59 — 2,66; pour la Pinite 2,7 — 2,9.

La Pinite se trouve en France, en Auvergne ainsi qu'aux environs du Mans et à Sainte-Honorine (Calvados).

MACLE.

Synonymie : Chiastolite, Stauzaïte, Andalousite — F. A.. Al^2O^3, SiO^2 — F. E.. 3 Al^2O^3, 2 SiO^3.

On la trouve cristallisée en prismes de diverses couleurs, empâtés dans les roches, surtout les schistes, sur la coupe desquels ils figurent une sorte de marqueterie; la grosseur des macles varie entre celle d'une tête d'épingle et celle d'une noix.

Infusible au chalumeau; inattaquable aux acides.

Dureté 7 — 8; densité 3,16 — 3,20.

On en trouve une variété rose rue de Rennes, à Nantes; près de nous, elle est assez abondante dans les schistes de Marsac.

DISTHÈNE.

Synonymie : Cyanite, — F. A.. $Al^2 O^3 Si O^2$ — F. E.. $3 Al^2 O^3, 2 Si O^3$. — Prismes doublement obliques, souvent maclés, blancs, souvent bleuâtres ou grisâtres. — Donne une masse bleue au cobalt, infusible au chalumeau; inattaquable par les acides.

Dureté 5; densité 3,16 — 3,20.

Se trouve dans les micaschistes et talc schistes du Morbihan.

Donne une masse bleue avec le cobalt.

STAUROTIDE.

Synonymie : Croisette, Pierre de croix.

Les cristaux que l'on rencontre fréquemment dans nos schistes de Bretagne, surtout dans le Morbihan et le Finistère, sont des silicates doubles d'alumine et de fer renfermant, d'après Rammelsberg :

Silice.	50,75
Alumine.	34,86
Sesqui-oxyde de fer.	2,86
Protoxyde de fer	10,45
Magnésie	1,80
Eau	0,38

Presqu'infusible au chalumeau et inattaquable par les acides; dureté 7 — 7,5; densité 3,4 — 3,8; poussière grise.

Les cristaux du Morbihan sont fréquemment maclés en croix et de couleur brune.

TOURMALINE.

L'espèce tourmaline présente un certain nombre de variétés qui, toutes, sont des fluoborosilicates d'alumine et de diverses bases, dans lesquelles les éléments très-nombreux sont en proportions si variables et si compliquées qu'on ne saurait leur donner des formules simples. Si nous représentons par RO les protoxydes, R^2O^3 les sesqui-oxydes, SiO^2 et SiO^3 la silice, et Bo^2O^3 et BoO^3, l'acide borique, nous trouvons que les rapports de l'oxygène sont les suivants :

		RO	R^2O^3	SiO^2 / SiO^3	Bo^2O^3 / BoO^3
Tourmalines	magnésiennes	1	3	4	5
—	ferro-magnésiennes . . .	1	4	5	1
—	ferrifères	1	6	6	2
—	ferro-manganésiennes.	1	9	9	2
—	manganésiennes	1	12	12	4

Les couleurs de ces Tourmalines sont, du reste, très-variables. On en trouve de brunes, noires, vertes, bleues, rouges et roses. Toutes ont un éclat vitreux, sont transparentes ou translucides, ont une cassure conchoïdale, sont pyroélectriques, ont une dureté de 7 — 7,5; une densité de 3,02 — 3,20, et sont plus ou moins fusibles au chalumeau en une sorte de scorie grisâtre ou noirâtre. Leurs cristaux dérivent d'un Rhomboëdre de 133° 57'.

Nous trouvons la Tourmaline dans le granite du Houx, commune de Vay. Elle est très-commune dans les gneiss de Nantes.

Les Tourmalines vertes ou rouges sont employées en bijouterie; on utilise également les vertes pour les instruments de polarisation.

AXINITE.

Synonymie : Thumite, Yanolite, Schorl violet, Schorl lenticulaire.

C'est un borosilicate d'alumine, de chaux, de fer, de manganèse, avec un peu de magnésie et de potasse.

On trouve ce minéral toujours cristallisé, ayant une apparence vitreuse, ordinairement gris violacé ou verdâtre.

Inattaquable par les acides, facilement fusible au chalumeau, avec boursouflement, en un verre vert-sombre.

Dureté 6,5 — 7; densité 3,27 — 3,3; poussière blanchâtre; pyroélectrique.

Barèges (Pyrénées); Oisans (Dauphiné).

ÉMERAUDE.

Béryl, Aigue-marine — F. A.. $Gl^3 Al^2 Si^6 O^{18}$ — F. E.. $3 Gl O. 2 Si O^3 + Al^2 O^3 2 Si O^3$.

Inattaquable aux acides; peu fusible au chalumeau; de couleur verte, verte-bleuâtre, bleue, jaune ou rose; dureté 7,5 — 8; densité 2,67 — 2,75.

Chantelaube, près Limoges. Près de nous dans les pegmatites du bourg de Batz.

L'Emeraude d'un beau vert est employée en joaillerie, ainsi que l'Aigue-marine qui est vert d'eau et le Béryl bleu pâle.

TOPAZE.

Chrysolite — F. A.. $Si O^4 (Al^2 Fl^2)$ — F. E.. $4 Al^2 O^3 Si O^3 + 3 Si Fl^2$.

Minéral le plus souvent cristallisé; de couleur variant du jaune au bleu-verdâtre, quelquefois rose ou violet. Infusible; insoluble dans les acides.

Dureté 8; densité 3,52 — 3,56; poussière blanche.

Sibérie — Saxe — Brésil.

Ces deux derniers minéraux n'ont, en réalité, aucun intérêt pour nos études, j'ai cru devoir vous les indiquer à cause de leur utilisation en joaillerie.

SILICATES NON ALUMINEUX.

TALC.

Minéral tantôt écailleux, tantôt compacte, dont on peut toujours détacher des lames très-minces et analogues, par conséquent, au Mica et à la Chlorite, toujours translucides, de couleur verdâtre ou blanche; il forme plusieurs variétés.

Le **Talc écailleux** — F. A.. $(Mg\,O)^3\,H^2\,O.\;4\,Si\,O^2$— F. E.. $4\,Mg\,O.\;3\,Si\,O^3$, — qui se présente en lames blanches ou blanches verdâtres, très-douces au toucher, peu flexibles, assez friables, donnant une poussière blanche analogue à celle employée par les gantiers et les bottiers sous le nom de poudre de savon.

Le **Talc stéatite** — F. A.. $(Mg\,O)^{12}\,(H^2\,O)^4\,(Si\,O^2)^{15}$ appelé encore craie de Briançon, compacte, très-tendre, fournissant la poudre de savon.

Inattaquables aux acides; dans le tube donnent de l'eau à haute température, difficilement fusibles en un émail blanc, avec le nitrate de cobalt donnent une coloration rose. Dureté 1; densité 2,6 — 2,8.

La Pierre ollaire est une variété compacte de Talc mélangé de mica et de chlorite, employée à la confection des calorifères et de vases pour la cuisson des aliments. On trouve le Talc à Nantes, à Doulon, à la carrière de la Grenouillère; à Nort et à Montrelais, dans les terrains houillers.

SERPENTINE.

Ce minéral ne cristallise pas, sa composition répond à la formule atomique $(Mg\,O)^3\,(Si\,O^2)^2\,2$ ou $3\,H^2\,O$ et à la formule équivalente $2\,(3\,Mg\,O,\,2\,Si\,O^3)+3\,(Mg\,O,\,2\,H\,O)$, — il est moins onctueux et moins tendre que le Talc, sa dureté est 2 — 3; sa densité 2,63; sa cassure est esquilleuse, sa couleur est le vert, mais présentant parfois des teintes jaunes ou rougeâtres, elle est accompagnée d'ordinaire par un certain nombre de minéraux auxquels elle sert de gangue, son éclat est cireux; comme le Talc, elle est infusible au chalumeau; au tube, elle donne de l'eau en noircissant, attaquable par l'acide chlorhydrique, sans faire gelée, avec le nitrate de cobalt donne une coloration rose.

La Serpentine est un minéral essentiellement éruptif, formant quelquefois des roches entières, mais exerçant toujours une influence notable sur les roches environnantes.

La Serpentine noble est une variété très-homogène, d'un beau vert, employée à la fabrication d'objets de fantaisie.

En France, on la rencontre dans le Limousin, l'Aveyron, le Tarn, les Pyrénées et les Alpes, et, près de nous, à Bout-de-Bois et à Héric.

AMPHIBOLE.

Composition atomique $(RO)^9 H^2O (SiO^2)^{10}$ — R = Ca, Mg, Fe.

Cette espèce se subdivise en trois sous-espèces qui sont :

1° L'Amphibole verte ou **Actinote,** — formule équivalente $4(MgO.CaO\,FeO)3SiO^3$. — Ce minéral, d'un vert plus ou moins foncé, ayant la forme de prismes allongés rhomboïdaux obliques, présentant parfois un aspect lamelleux ou filamenteux. C'est un trisilicate de fer, de chaux et de magnésie dans lequel le fer entre pour 6 — 12 0/0.

Inattaquable aux acides, donnant au chalumeau un émail gris verdâtre ou noirâtre; dureté 5 — 6; densité 2,8 — 3,3; poussière blanche verdâtre.

L'Actinote entre comme élément principal dans un grand nombre de roches composées.

2° Amphibole blanche, **Trémolite** — F. E.. $3CaO.2SiO^3 + 3(3MgO2SiO^3)$, — grammatite, asbeste.

Amiante. — C'est un bisilicate de chaux et de magnésie contenant toujours un peu de fer et de manganèse, se présentant en longs prismes fibreux, d'une teinte blanche ou très-claire, striés, plus ou moins flexibles, inattaquables aux acides, fusibles au chalumeau, avec bouillonnement, en un verre blanc, demi-transparent.

Dureté 5,5; densité 3,2.

Elle n'entre dans la composition des roches que comme élément accidentel.

Le **Jade trémolite** ou **Néphrite** est une trémolite compacte, à cassure écailleuse, à éclat gras, de couleur verte blanchâtre ou vert poireau, difficilement fusible au chalumeau, employée en Chine et au Japon à la confection de vases et de fétiches.

L'Amiante est utilisée dans les laboratoires, on en a fabriqué des tissus incombustibles.

3° L'Amphibole noire ou **Hornblende** — F. E.. 4 (Mg O, Ca O, Fe O) 3 Si O^3, — est un trisilicate de fer, de chaux et de magnésie dans lequel le fer entre pour 12 — 36 0/0, de couleur noire ou verte brûnâtre, ayant des cristaux prismatiques à 6 pans moins allongés que ceux des autres variétés d'amphibole.

Difficilement soluble dans les acides, donnant au chalumeau un émail noir avec bouillonnement.

Dureté 5,5; densité 3 — 3,4; poussière grise ou brunâtre.

La Hornblende est sujette à se décomposer. Elle entre comme élément essentiel dans la constitution de certaines roches dites Vertes et de la Syénite.

DIALLAGE.

Formule équivalente : 3 (Ca O, Mg O) 2 Si O^3.

Ce minéral, que l'on réunit parfois au Pyroxène, forme, comme l'Amphibole, plusieurs variétés.

La Diallage a une composition qui se rapproche de celle du Pyroxène diopside, avec un peu plus d'oxyde ferreux et un peu d'alumine.

Insoluble dans les acides; difficilement soluble en un émail gris ou vert; dureté 4; densité 3,2 — 3,3.

Les variétés sont :

1° **Diallage chatoyante**, plaques nacrées, donnant une poussière douce au toucher.

2° **Diallage métalloïde**, analogue à la précédente, a un éclat métallique dans ses cassures.

3° **Diallage bronzite**, de couleur brune avec reflets bronzés; se distingue du Pyroxène par son infusibilité.

Les Diallages sont des silicates de chaux, de magnésie, de fer et d'alumine.

La Diallage entre comme élément essentiel dans la roche connue sous le nom d'Euphotide.

La Diallage se rencontre, près de nous, dans l'Ophite d'Héric.

PYROXÈNE.

Ce minéral forme, comme l'Amphibole, trois variétés :

1° Le Pyroxène vert ou **Diopside** — F. A.. $(CaO, MgO)SiO^2$ — F. E.. $3\,CaO, 2\,SiO^3 + 3\,MgO, 2\,SiO^3$. — De couleur verte, toujours cristallisé en prismes rhomboïdaux obliques, présentant un grand nombre de clivages; éclat vitreux; fusible en un verre grisâtre.

Dureté 5 — 6 ; densité 3,3 ; poussière blanche.

2° **Pyroxène augite** — F. A.. (Ca O, Mg O, Fe O) Si O^2 — F. E.. 3 Ca O, 2 Si O^3 + 3 (Mg O, Fe O), 2 Si O^3. — Noir ou vert très-foncé, cristallise dans le cinquième système comme le Diopside, fusible en un verre très-foncé, a les mêmes duretés et densités que le Diopside. Poussière grise-verdâtre.

Il renferme d'ordinaire quelques centièmes d'alumine.

Le Pyroxène augite est un produit essentiellement volcanique que l'on trouve dans les laves et basaltes.

3° **Pyroxène hédenbergite**. — F. A.. (Ca O. Fe O) Si O^2 — F. E.. 3 (Ca O. Fe O) 2 Si O^3. — Cristaux ou masses cristallines d'un vert sombre ou noir, translucide sur les borbs ; fusible au chalumeau en un globule noir magnétique, donnant avec le borax les réactions du fer.

Dureté 5,5 ; densité 3,5 ; poussière grise-verdâtre.

HYPERSTHÈNE.

Silicate de fer, de magnésie et de chaux, avec proportions variables d'alumine. En cristaux dérivant d'un prisme rhomboïdal droit de 91° 30', transparents ou translucides, à éclat nacré, présentant quelquefois des reflets cuivreux, noirs-verdâtres ou bruns-verdâtres, fusibles en un globule noir magnétique, insolubles dans les acides.

Dureté 6; densité 3,35 — 3,39; poussière grise-verdâtre.

PÉRIDOT.

Olivine ou **Chrysolite** — $(Mg\,O)^2 . Si\,O^2$. — Minéral d'origine volcanique, cristallisant dans le système du prisme rhomboïdal droit, d'aspect vitreux, à éclat gras, d'un vert-jaunâtre, analogue au vert-bouteille, transparent ou translucide, infusible au chalumeau; soluble avec gelée dans les acides.

Dureté 6,5 — 7; densité 3,35; poussière blanche.

La Chrysolite est utilisée en bijouterie, mais n'a pas grande valeur, le proverbe étant :

Qui a deux Péridots en a un de trop.

CLASSE DES MINÉRAUX COMBUSTIBLES.

Cette classe a peu d'importance, si l'on ne considère que le nombre des espèces qui la forment; elle devient, au contraire, très-importante, si l'on se place au point de vue de l'utilité desdites espèces. Elle renferme trois genres.

GENRE CARBONE.

Des différentes espèces de ce genre, une seule est pure, la première, les autres sont toujours impures. Ce sont :

Le Carbone cristallisé ou Diamant,
Le Graphite,
L'Anthracite,
La Houille,
Le Lignite,
Le Bitume,
Le Naphte,
Le Pétrole,
Le Succin,
La Tourbe.

1° **Le Diamant** est du Carbone pur, cristallisé, comme l'ont démontré les expériences successives de

Cosme III, grand-duc de Toscane, de François Ier d'Autriche, de Darcet et de Rouelle.

Le Diamant se trouve en cristaux affectant les formes du tétraëdre, du dodécaëdre ou du cube, avec arêtes toujours plus ou moins bombées; il est transparent ou translucide, a un éclat adamantin, est de couleur noire, enfumée, verte ou bleue, jaunâtre ou incolore; il devient électrique par frottement, a pour densité 3,5 et est le corps le plus dur connu.

Inattaquable aux acides, infusible au chalumeau, susceptible de brûler dans l'oxygène.

Le Diamant a une valeur considérable. Pour l'établir, on se sert de son poids représenté en karats. (Le karat pèse 0 g. 2055). Elle est de 250 francs multipliés par le carré du nombre de karats.

Le Diamant le **Régent**, appartenant à la République Française, pèse 136 karats et est estimé 12,000,000 francs.

Les diamants les plus estimés après celui-ci, sont :

Le diamant du Rajah de Bornéo;
Le diamant du Sultan;
Le diamant de l'empereur du Mongol;
Le Koh-i-noor, à la reine d'Angleterre;
L'Orlow, à l'empereur de Russie;
Le Sancy, à l'empereur de Russie;
L'Étoile du Sud, à M. Halphen;
Le Diamant bleu de Hope.

Le diamant noir a été utilisé dans la percée du tunnel du Mont-Cenis; les vitriers l'emploient pour couper les vitres.

On le trouve dans les alluvions de Golconde, Roalconde, Visapour, Bornéo, le Brésil et dans les Monts-Oural.

GRAPHITE,

Plombagine ou mine de plomb.

Est encore du carbone presque pur qui, au lieu d'être cristallisé, n'est que cristallin et appartient au système Rhomboëdrique; il est d'un noir gris, doué d'un éclat presque métallique, a une dureté comprise entre 1 et 2; sa densité est de 2,5; inattaquable aux acides, infusible au chalumeau, peut contenir, lorsqu'il est bien pur, jusqu'à 96 0/0 de carbone et 0,5 de fer, le reste étant formé de matières volatiles.

On le rencontre dans les terrains primitifs (Lochaber et Buckingham), au Canada; dans les roches de transition, dans le trias et dans le lias (col du Chardonnet, près Briançon).

On le trouve dans notre Bretagne, à Plaffier (Finistère), ainsi que dans l'Ariège. Le Graphite est employé à la fabrication des crayons, des creusets réfractaires, pour lubréfier les engrenages, pour préserver le fer et la fonte de la rouille, et en Galvanoplastie.

ANTHRACITE.

Géanthrax, Anthracolite, Houille éclatante, Houille incombustible, charbon incombustible, Plombagine charbonneuse.

Substance opaque et brillante, d'un noir vitreux, à

éclat demi-métalloïde quelquefois très-prononcé, d'une densité de 1,35 — 1,90.

L'Anthracite est friable, sèche au toucher, tache les doigts en noir foncé et le papier en noir mat; elle ne fournit qu'un coke pulvérulent, a une grande richesse en carbone, brûle mal et seulement en masse; au chalumeau, rougit sans produire de flamme. Avec une lessive chaude de potasse, ne donne aucune coloration au liquide.

On rencontre l'Anthracite quelquefois dans les terrains siluriens, comme en Bohême, mais plus abondamment dans les terrains dévoniens et houillers, comme aux Etats-Unis et en Russie. Enfin, on peut la trouver parfois dans certaines couches du terrain jurassique, comme dans les Alpes de la Savoie et du Dauphiné.

L'Anthracite est un charbon très-riche qui a l'avantage de ne point donner de fumée, ce qui la fait rechercher pour les tourailles des brasseurs; on n'emploie guère d'autre combustible dans l'Amérique du Nord.

Les bassins anthracifères de la France sont situés dans les départements de la Mayenne, de la Sarthe, de l'Isère, de la Loire, des Hautes-Alpes et du Var.

HOUILLE

Charbon de pierre, Charbon de terre, Lithanthrax, Stipite, Coal des Anglais.

On peut dire que la Houille est une Anthracite imprégnée de bitume; elle est toujours amorphe, opaque, noire et brûle avec flammes en répandant des fumées et une odeur bitumineuse; elle se ramollit par l'action de la chaleur, se gonfle et, par l'accolement des divers morceaux, forme des masses solides, dures, mamelonnées, à éclat métallique, portant le nom de *Coke.*

On divise les diverses Houilles en : Houilles grasses et dures, employées à la fabrication du Coke pour la métallurgie; Houilles grasses maréchales, excellentes pour les fours à reverbères et les feux des maréchaux; Houilles grasses à longue flamme, employées à la fabrication du gaz d'éclairage et au chauffage domestique; Houilles sèches à longue flamme, employées au chauffage des chaudières à vapeur; Houilles sèches sans flamme, employées au chauffage domestique, pour la cuisson des briques et de la chaux.

Ces diverses Houilles se rencontrent depuis le terrain dévonien jusqu'aux couches tertiaires, mais c'est surtout dans les dépôts gréseux, appelés *terrains houillers,* qu'elles sont le plus abondantes.

Voici la composition de quelques Houilles :

	Carbone	Hydrogène	Oxygène et Azote	Cendres
Houille grasse et dure de Rive-de-Gier......	87,85	4,90	4,29	2,96
— grasse maréchale de Rive-de-Gier....	87,45	5,14	5,63	1,78
— grasse à longue flamme de Rive-de-Gier.	82,04	5,27	9,12	3,57
— sèche à longue flamme de Blanzy....	76,48	5,23	16,01	2,28
— sèche sans flamme de Céral........	75,38	4,74	9,02	10,86

Les principaux bassins houillers de la France sont ceux de la Loire, de Valenciennes, du Creuzot, de Blanzy, d'Alais, de Commentry, d'Aubin, d'Epinac, de Decize, de Carmaux, de la Basse-Loire, de Brassac, de Ronchamp, de Saint-Gervais, d'Hardingen, de Vouvant, de Chantonnay, de Litry, de Bert, de la Chapelle-sous-Dun, de Sainte-Foy-l'Argentière, de Fins, de Noyant, de Saint-Eloy, de Saint-Pierre-la-Cour, de Rodez, de Gouhenans, de Royan, de Gémonial, d'Ahun, de Terrasson, d'Aubenas, de Langeac, de Bourg-Lastic, de Meimac, de Norroy, de Durban et de Ségure.

LIGNITE.

Bois fossile, bois bitumineux, Jais, Jayet, Dyssodyle, cendres noires.

Au fur et à mesure que nous avançons dans l'étude des matières carbonées, la décomposition des plantes qui leur ont donné naissance est moins avancée, plus nous trouvons de matières autres que le carbone, plus nous nous rapprochons des formations géologiques actuelles.

Le Lignite est un produit de décomposition des matières organiques dans lequel les formes organiques sont d'autant plus distinctes que son origine est plus récente; aussi, pendant que l'anthracite ne faisait que rougir sans flamber, et que la houille rougissait et flambait dans la flamme du chalumeau, mais cessait de flamber sitôt que l'on cessait de la diriger sur elle, le Lignite rougit, flambe et continue à flamber lorsque l'on cesse de diriger le dard du chalumeau sur lui.

La couleur du Lignite varie du noir foncé jusqu'au brun-clair; les Lignites noirs et compactes sont utilisés sous le nom de Jais ou Jayets, à la confection d'objets de parure; certains Lignites terreux sont employés comme engrais; enfin on fabrique en Allemagne, avec un Lignite spécial, une couleur connue sous les noms de *terre de Cassel* et *terre de Cologne*. Mais leur emploi principal est le chauffage.

La dureté du Lignite varie de 1 — 2,5 et sa densité de 0,80 — 1,25. Les Lignites ne laissent, par la calcination en vase clos, qu'un coke pulvérulent, très-riche en cendres.

Le Lignite n'apparaît, dans les couches géologiques, qu'à partir du trias, on le retrouve dans le lias, les grès verts, au-dessous du calcaire grossier, dans les calcaires lacustres du miocène et dans les couches du pliocène.

Les principaux gîtes exploités en France sont ceux des Bouches-du-Rhône, du Var, de l'Isère, du Gard, du Bas-Rhin, de l'Hérault, de l'Aude, de Vaucluse, de l'Aveyron, des Basses-Alpes, de l'Ardèche, de l'Ain, des Pyrénées-Orientales et de l'Aisne.

BITUME.

Asphalte, Pisasphalte, Poix minérale, Goudron minéral, Beaume-de-Momies, Bitume de Judée, Karabé de Sodôme, Malthe.

Le Bitume se présente à l'état solide et à l'état pâteux; solide, on l'appelle **Asphalte**, et pâteux, **Pisasphalte.**

Les Bitumes sont tous des carbures d'hydrogène mélangés à des combinaisons plus ou moins oxygénées et azotées; ils constituent des masses noires, plus ou moins poisseuses, partiellement solubles dans l'alcool, fragiles, à cassure conchoïdale, leur densité varie de 1 — 1,7. Ils brûlent avec une flamme fuligineuse.

Les Bitumes seraient composés essentiellement, d'après les recherches de M. Boussingault, de deux substances, l'une non oxygénée, liquide, le Petrolène, et l'autre oxygénée, solide, l'Asphaltène. L'Asphalte se rencontre principalement dans la mer Morte, à l'île de la Trinité, au Mexique et en Colombie; il semble avoir une origine volcanique.

Le Pisasphalte imprègne souvent certains calcaires qui portent alors le nom de Calcaires bitumineux. On le rencontre en amas irréguliers, dans des gîtes analogues à ceux des Lignites, à Orthez, à Cauperme, à Pont-du-Château et au Puy de la Poix, à Seyssel et à Bechelbronn.

L'Asphalte s'emploie pour les dallages et les trottoirs; les Égyptiens s'en servaient pour la préparation de leurs momies.

NAPHTE.

On appelle ainsi des produits liquides qui imprègnent certaines roches et sont constitués par des carbures d'hydrogène, moins denses que l'eau, facilement inflammables.

Le **Pétrole** n'est autre chose que le Naphte tenant en dissolution une certaine quantité de bitume.

Quelquefois l'huile minérale pénètre des schistes qui deviennent alors combustibles et sont employés comme le Bog head à la fabrication du gaz d'éclairage ou au chauffage domestique; il est à observer que, dans ce cas, le combustible a l'inconvénient d'être fumeux.

Le Pétrole sert surtout à l'éclairage.

Le Pétrole a été successivement une arme criminelle entre les mains des troupes allemandes, communalistes et carlistes.

Les gîtes d'huile minérale sont exploités, en France, à Gabriou (Hérault), Bechelbronn, Salies et en Auvergne, mais c'est l'Amérique du Nord qui en fournit le plus; ces gîtes appartiennent aux terrains silurien, dévonien, carbonifère, triasique, crétacé et tertiaire même.

SUCCIN OU AMBRE.

Nous nous trouvons encore en présence d'un débris fossile du règne végétal ; c'est une résine susceptible de brûler comme les charbons que nous venons de voir.

Il est jaune, transparent, quelquefois opaque, a un éclat résineux, une dureté de 2 — 2,5 ; une densité de 1 — 1,1 ; devient électrique par le frottement, fond à 287° et donne ensuite, par distillation, ou sous l'action de certains réactifs, de l'acide succinique.

Le Succin est insoluble dans l'eau, mais partiellement soluble dans l'éther, l'alcool, le chloroforme, les huiles grasses et les essences.

Ce minéral renferme presque toujours des débris d'insectes analogues à ceux de nos forêts actuelles ; on le rencontre assez fréquemment au milieu des Lignites de l'époque tertiaire, en France, à Saint-Lon, dans les Landes et à Saint-Paulet (Gard) ; c'est la Baltique qui en fournit les plus grandes quantités. Le Musée de Berlin en possède un échantillon qui n'a pas moins de 38 centimètres de longueur, sur 22 de largeur et 17 d'épaisseur.

Le Succin est employé à la fabrication des vernis, de l'acide succinique et de divers objets d'ornement.

TOURBE.

A part le Succin, les débris végétaux qui forment les minéraux combustibles que nous avons passés en revue sont dans un état de décomposition avancée et proviennent des époques géologiques anciennes; la tourbe, au contraire, est un produit à peine décomposé de la végétation actuelle; elle se présente avec une couleur brune plus ou moins foncée, parfois un peu bitumineuse, laissant apercevoir des débris végétaux peu altérés; son origine est marécageuse. Elle brûle avec une fumée épaisse, en répandant une odeur désagréable et laissant une proportion considérable de cendres.

Les principaux amas de tourbe se trouvent en France, dans les vallées de la Somme, de l'Oise, en Champagne, dans les Vosges, dans les Alpes, et, près de nous, aux environs de Montoire.

La tourbe est employée au chauffage, à la production de sels ammoniacaux, par distillation, et à la falsification des engrais.

GENRE SOUFRE.

Le soufre, S, est un corps jaune, à aspect gras; donnant, par la combustion, naissance à des vapeurs piquantes et suffocantes d'acide sulfureux; il est très-friable, d'une densité de 2,07; il a une dureté de 2 — 3 et présente une cassure vitreuse éclatante.

On le trouve à l'état amorphe et à l'état cristallisé, dérivant d'un prisme droit à base rhomboïdale.

On le trouve en France à Bagnères-de-Luchon, à

Tapets (Vaucluse) et au pic du Sancy; il est souvent associé au gypse; c'est de Sicile et d'Espagne qu'on en tire les plus grandes quantités.

On l'emploie à la fabrication des allumettes, de la poudre à canon et de l'acide sulfurique.

GENRE URATE.

Les guanos qui constituent, en certains points, des amas puissants, ont été assimilés aux roches; ce sont des débris organiques d'origine animale, résidus de déjections et de cadavres d'oiseaux aquatiques; ils forment des masses pulvérulentes, jaunes-brunâtres, à odeur ammoniacale prononcée, en partie solubles dans l'eau, laissant, après calcination en vases ouverts, une poudre constituée essentiellement par de la silice et du phosphate de chaux.

On observe ces amas dans les localités où l'absence de pluies a permis leur accumulation, sur la côte du Pérou, aux îles Baker, Jarvis, Itchaboë, puis dans l'intérieur de certaines grottes comme celle de la Balme (Isère); mais alors ils sont dus aux déjections de certains petits mammifères tels que les chauves-souris.

ROCHES.

Nous avons étudié jusqu'à présent les minéraux en tant qu'espèces, il nous faut voir maintenant comment ils s'unissent pour constituer les grandes masses auxquelles on donne le nom de roches.

Bien des classifications ont été essayées pour les roches qui constituent l'écorce terrestre; les unes reposent sur la composition chimique, les autres sur la discernabilité des éléments.

Les premières divisent les roches en basiques et acides, les secondes en phanérogènes et adélogènes.

Les roches acides sont celles dont la silice est l'élément dominant; les roches basiques, sont celles dont les bases alcalines et terreuses forment l'élément principal.

Dans les roches phanérogènes, les éléments minéraux sont facilement discernables; dans les roches adélogènes, les éléments sont mélangés d'une façon si intime qu'on ne peut les discerner à l'œil et que difficilement à la loupe.

Nous tiendrons compte, dans notre division, de ces deux systèmes et du mode de formation des roches; nous aurons ainsi :

1° Les roches de formation ignée;

2° Les roches de formation hydrothermale;

3° Les roches de sédiment.

Les roches de formation ignée seront elles-mêmes divisées en

Roches de formation ancienne,
Roches de formation actuelle.

Les roches de formation hydrothermales seront, elles aussi, divisées en

Roches de formation ancienne,
Roches de transition.

Les roches de formation ancienne se subdivisent à leur tour en

Roches roses ou acides,
Roches vertes ou basiques.

Maintenant, en examinant le tableau ci-contre, on voit que si les roches qui composent l'écorce terrestre sont nombreuses, il n'y en a qu'un nombre assez restreint dont l'étude soit absolument nécessaire, nous ne nous écarterons que fort peu de ce minimum.

TABLEAU DES ROCHES

Corps simples le plus fréquemment trouvés	ESPÈCES MINÉRALES	ROCHES		MATÉRIAUX De Filons
		Simples	**Binaires**	
Oxygène	1 Feld-spath: *a* orthose	1 Feld-spath: Leptinite	1 Syénite (1^{a} — 5)	1° *Matériaux terreux*
Silicium	*b* anorthose: b^{I} Albite	Eurite	2 Diorite (1 b^{I} — 5)	Chaux carbonatée
Aluminium	b^{II} Oligoclase	Porphyre	3 Basalte (1 b^{III} — 7)	Chaux fluatée
Calcium	b^{III} Labrador	Trachyte	4 Euphotide (1 b^{IV} — 8)	Baryte
Magnésium	b^{IV} Saussurite	2 Serpentine (6)	5 Micaschistes (3 — 2)	2° *Minéraux métalliques*
Potassium	2 Quartz	3 Amphibolite (5)	6 Talschiste (4 — 1)	
Sodium	3 Mica: Potassique	4 Calcaire (9)	**Ternaires**	Plomb
Carbone	Magnésien	5 Argile (10)	1 Granite (1^{ab} 2 — 3)	Fer
Soufre	4 Talc	6 Phyllade (10)	2 Gneiss (1^{ab} 2 — 3)	Mercure
Hydrogène	5 Amphibole			Etain
Fer	6 Serpentine	ROCHES DE TRANSPORT		Or, etc.
Manganèse	7 Pyroxène			
Chlore	8 Diallage	Conglomérats		
Fluor	9 Carbonate de Chaux	Grès		
Azote	10 Silicate d'Alumine: Argile	Sables		
Phosphore	Phyllade	Blocs		

En considérant le tableau ci-contre il est très-facile de se rendre compte de la composition minéralogique d'une roche simple ou composée; la colonne des espèces minérales porte devant chaque nom un numéro d'ordre qui, reporté entre parenthèses à la suite des noms des roches simples ou composées, indique que ces roches sont constituées par les espèces minéralogiques auxquelles ces numéros et les lettres y jointes correspondent.

ROCHES D'ORIGINE VOLCANIQUE OU IGNÉE.

Les roches ignées de formation ancienne sont plus particulièrement les Basaltes et les Trachytes.

Les roches de formation actuelle sont les Laves.

Le **Basalte**, ainsi qu'il résulte du tableau, est une roche compacte, formée par la réunion du Feldspath Labrador et du Pyroxène, presqu'intimement fondus, unis à des rognons de Péridot discernables, de couleur plus ou moins noire, affectant assez souvent une forme prismatique hexagonale, mais non dans toute sa masse.

L'origine volcanique du Basalte a été longtemps contestée. Les parties extérieures d'une masse basaltique sont, le plus souvent, massives, et il n'y a que les parties intérieures, dans lesquelles le refroidissement a été plus lent et plus régulier, qui se soient divisées en prismes; aussi, toutes les fois qu'on se trouve en présence d'une coupe de Basalte remarque-t-on :

1° A la base, une couche inférieure compacte et confuse;

2° Au centre, une couche moyenne prismatique;

3° A la partie supérieure, une couche confuse quelquefois fragmentaire.

On donne plus particulièrement le nom de **Basanite** au Basalte qui contient des minéraux, non essentiels, répandus dans sa masse.

La **Dolérite** ou **Mimosite** n'est qu'un Basalte dont les éléments sont plus discernables.

La **Wacke** est un Basalte qui entre en décomposition et la **Wackite** est une basanite également en décomposition.

Le **Trachyte** est une roche qui semble avoir une origine plus ancienne que celle du Basalte; il est essentiellement formé par du Feld-spath orthose fondu et probablement mélangé de vapeur d'eau qui, en se dégageant, a formé les nombreux conduits ainsi que les cellules que l'on remarque dans cette roche dont le nom indique la rudesse au toucher. Le Trachyte a toujours une couleur blanche ou grisâtre; lorsque ses cellules sont suffisamment développées, il constitue la roche connue sous le nom de **Pierre-Ponce.**

La **Perlite** est une variété de Trachyte présentant de petits grains brillants comme des perles.

Il existe encore une variété connue sous le nom de Dômite qu'on rencontre au Puy-de-Dôme.

Les roches trachytiques sont des roches acides, tandis que les roches basaltiques sont basiques.

Les roches désignées sous le nom générique de

Laves sont les produits des volcans actuellement en activité; on les appelle, suivant leur manière d'être, Obsidienne, Gallinace, Leucostine, Téphrine, Scories, Pouzollanes, Lapilli, Cendres; ce sont des roches acides constituées par une pâte de Trachyte.

L'**Obsidienne** a un aspect vitreux, dû à la fusion complète du Trachyte : elle est noire ou verte.

Les autres sont des roches plus ou moins fondues et poreuses, de grosseur très-variable.

La **Phonolite** est une sorte de Trachyte compacte, de couleur verte ou grise, à cassure esquilleuse, se divisant en lames peu épaisses, sonore sous le choc du marteau, partiellement attaquable par les acides, que l'on rencontre abondamment au Plomb du Cantal.

On l'utilise, à la manière des ardoises, pour la couverture des maisons.

Le **Leucitophyre** est une lave du Vésuve composée de Feld-spath et d'Amphigène.

On donne le nom de Trapp (nom suédois qui signifie escalier) à des roches noirâtres ou verdâtres de composition douteuse ou mal définie qui passent soit aux Basaltes soit aux Diorites, elles ont une densité relativement élevée (près de 3), et se laissent plus ou moins facilement rayer au couteau; leur origine est évidemment éruptive, elles sont venues dans un état de fusion ou de liquidité tel qu'elles ont pu pénétrer dans les moindres fissures; elles semblent formées par un minéral feld-spathique (Albite ou Labrador) et par de l'Amphibole ou du Pyroxène si intimement mélangés qu'ils sont indiscernables; les Trapps ne renferment point de Péridot et ne sont point scoriacés.

ROCHES HYDROTHERMALES DE FORMATION ANCIENNE.

Roches vertes. — Le nombre des roches dites Vertes est assez considérable, mais nous bornerons notre étude à cinq principales :

Le Mélaphyre,
La Diorite,
L'Amphibolite,
La Serpentine,
L'Euphotide.

Le **Mélaphyre**, comme l'indique son nom, est une roche de couleur foncée, formée par une pâte de Labrador et de Pyroxène hédenbergite dans laquelle on distingue nettement des cristaux de Labrador, sa structure est donc porphyroïde.

Le **Porphyre vert antique** est une variété de Mélaphyre; une variété constituée presqu'exclusivement par le pyroxène, porte le nom de **Lherzolite**, du nom de son gisement (étang de Lherz, Ariège).

Enfin, il est à remarquer que c'est dans le Mélaphyre d'Oberstein qu'on trouve les géodes remplies par les belles cornalines et calcédoines. Ces Mélaphyres, ainsi tapissés de minéraux étrangers, sont souvent désignés sous le nom de **Spillites**.

Le Mélaphyre est tantôt acide, tantôt basique.

La **Diorite** est une roche à éléments distincts, acide, formée de Feld-spath Albite et d'Amphibole hornblende; ces éléments prennent parfois une disposition spéciale qui fait appliquer à la roche des noms particuliers ; tel est le cas de la **Diorite orbiculaire** de Corse ou **Corsite** qui présente dans sa masse des taches amygdaloïdes; tel est encore le cas d'une seconde espèce de porphyre vert antique dans lequel les cristaux constitutifs de la Diorite ont pris un grand développement.

Nous trouvons les Diorites près de nous, à Coueron, Fay, Saint-Mars-du-Désert.

L'**Amphibolite** est une roche basique, formée essentiellement d'Amphibole fibreuse, elle constitue, comme la Diorite, un certain nombre de roches mal déterminées, connues sous le nom d'**Ophites.** On la trouve à la Tonderie, commune d'Héric.

Nous avons déjà vu, à propos des minéraux, quelle est la composition de l'espèce connue sous le nom de **Serpentine**; toutes les fois que cette roche est venue au jour ou a injecté certaines roches, elle semble avoir exercé une action chimique sur ces roches, elle a déteint surtout sur les calcaires et leur a imprimé un caractère tout particulier qui les fait désigner sous le nom d'**Ophicalces.**

C'est cette roche qui est désignée, dans les arts, sous le nom de Marbre vert antique.

La Serpentine injecte les quartz gréseux employés à l'entretien des routes de Nozay.

L'**Euphotide** est une roche basique, composée de

Feld-spath et de Diallage, remarquable par son bel aspect; on la trouve souvent dans les mêmes gisements que la Serpentine, elle fournit, à cause de sa rareté, des indices précieux sur l'origine de certaines roches de transport. La **Variolite** de la Durance, qu'on retrouve dans les environs d'Aigues-Mortes, est une Euphotide.

ROCHES ROSES.

Les roches comprises sous cette dénomination sont : le Granite, le Porphyre et un ensemble de roches moins importantes désignées sous le nom de **Granitoïdes.**

Le **Porphyre** tire son nom d'un mot grec qui signifie pourpre. On peut dire du Porphyre que c'est, en général, une roche qui contient des cristaux très-développés, enclavés dans une pâte de même nature; minéralogiquement, il est constitué par une pâte de Feld-spath renfermant des cristaux de Feld-spath. C'est donc une roche basique. Le Porphyre semble être la roche de transition entre les roches vertes qui ne contiennent pas de quartz, et les roches roses qui en contiennent toujours. La transition se fait par une variété de porphyre qui renferme du quartz et qui, à cause de sa composition, reçoit le nom de **Porphyre quartzifère.**

Le Porphyre se trouve généralement en connexion avec des filons métalliques, ou avec des sources minérales.

Cette roche, comme bien d'autres, se rencontre parfois en état de décomposition, reconnaissable à son apparence terreuse; elle prend alors le nom d'**Argilophyre.**

Comme le Trachyte, il se présente également à l'état vitreux; on l'appelle alors **Rétinite**, Peichstein ou Pierre de Poix.

On donne encore, mais improprement, le nom de **Porphyre brun des Vosges** à une roche formée d'argile atténuée renfermant des débris organiques.

Le **Granite** est formé par la réunion du Feldspath, du Quartz et du Mica. Ces divers éléments sont plus ou moins abondants, leur volume est variable, aussi y a-t-il un grand nombre de variétés de Granite. Le Granite a deux modes de formation et de gisement, d'une part on trouve des Granites en bancs horizontaux passant au gneiss, alternant avec des calcaires et des quartzites ; ce Granite qu'on pourrait nommer Sédimentaire est le plus ancien. Le Granite éruptif, qui forme des Dikes et des Culots, ne présentant point de traces de stratification, est d'origine beaucoup plus récente. — La variété à gros grains, dans laquelle le Mica, assez rare, se présente en grandes feuilles argentines, porte le nom de **Pegmatite.** — Une variété riche en un Mica magnésien qu'on a longtemps confondu avec le Talc, porte le nom de **Protogyne** et forme une grande partie du Mont-

Blanc. Le Granite peut être porphyroïde, c'est-à-dire renfermer de gros cristaux.

Cette roche s'altère facilement et donne, comme produits de sa décomposition, de l'argile et des sables en proportion variable; le Kaolin résulte plus particulièrement de la décomposition de la Pegmatite.

Nous possédons deux gîtes de Granite près de nous, à Gatine et au Houx. Les contrées granitiques de la France sont la Normandie, la Bretagne, la Vendée, les Vosges, le plateau central et les montagnes qui en dépendent, une partie des Alpes et des Pyrénées.

Nous avons dit que le Granite était le chef de file d'une série de roches appelées Granitoïdes; celles-ci dérivent du Granite par une série de transitions ménagées, c'est ainsi qu'il donne naissance à

L'**Eurite**, roche Feld-spathique compacte que nous trouvons dans la commune des Touches.

La **Leptinite** qui est un Feld-spath grenu.

La **Minette**, composée de Mica accompagné de petites quantités de Feld-spath.

L'**Hyalomicte** ou **Greisen**, roche composée de Quartz et de Mica.

La **Syénite**, bien qu'ayant beaucoup d'affinités avec le Granite, doit en être séparée parce qu'elle est constituée par du Feld-spath laminaire et de l'Amphibole hornblende.

Le **Kersanton**, de Brest, est une roche compacte, grenue ou porphyrique formée d'oligoclase de couleur claire et de mica de couleur sombre avec de l'amphibole, qui se montre en filons.

L'**Hypérite** est une sorte de Syénite dans laquelle l'Hyperstène remplace l'Amphibole et le Labrador est substitué à l'Orthose.

La Granite est, de toutes les roches, la plus riche en minéraux étrangers.

ROCHES HYDROTHERMALES DE TRANSITION OU CRISTALLOPHYLLIENNES.

Les roches réunies sous cette dénomination se trouvent à la surface du globe, toujours avec une disposition stratoïde et occupant de larges surfaces; ce sont :

Le **Gneiss**, constitué par les mêmes éléments que le Granite; il semble être formé des éléments de cette roche qui, décomposés et atténués, se seraient réassociés en strates remarquables par l'abondance du Mica; comme le Granite, le Gneiss est une roche acide. Le Gneiss renferme assez souvent des minéraux divers disséminés dans sa masse. Nous le trouvons près de nous, à Couéron et à Saint-Mars-du-Désert.

Le **Micaschiste** est essentiellement formé de Mica et de Quartz, on comprend donc que le Gneiss et le Micaschiste puissent passer facilement de l'un à l'autre; le Micaschiste passe encore assez fréquemment au Schiste micacé. Le Micaschiste renferme presque toujours des grenats. On trouve le Micaschiste au coteau de Mauves.

Le **Talcschiste** ou **Stéaschiste** est formé par le Talc uni au Feld-spath ; en général, il est luisant, comme satiné et onctueux au toucher, de couleur grisâtre, verdâtre, jaunâtre ou brunâtre. On le rencontre à la Jahottière, commune d'Abbaretz.

Le **Chloritoschiste**, composé essentiellement de Chlorite écailleuse, est une roche basique de couleur verdâtre, de structure nettement schisteuse, bien moins importante que les précédentes.

ROCHES DE SÉDIMENT.

On donne le nom de roches de sédiment à celles qui ont pris naissance au milieu des eaux plus ou moins nivelées et qui se sont déposées en couches horizontales. Ces roches peuvent se diviser en roches homogènes et en roches fragmentaires, comme nous le faisons dans le tableau ci-dessous.

Roches homogènes :	Roches dominantes	Calcaires. — Marnes.
		Argile.
		Schistes.
	Roches subordonnées......	Dolomie.
		Quartz.
		Gypse.
		Sel.
		Combustibles.
		Fer.
		Phosphate de Chaux.

Roches fragmentaires :				
	Grossières.	Cimentées	Roulées ...	Poudingues.
			Non roulées.	Brèches.
		Non cimentées.	Blocs erratiques.	
			Cailloux.	
			Graviers.	
			Galets.	
	Atténuées.	Cimentées....	Grès.	
		Non cimentées.	Sables.	

La catégorie des roches homogènes a été étudiée dans la description des espèces minérales, à l'exception des Schistes que nous allons passer en revue.

Le **Schiste** est la véritable roche de transition entre les roches de l'époque thermo-aqueuse et celles de l'époque aqueuse ; son nom dérive d'un mot grec qui veut dire feuillet; c'est qu'en effet les Schistes se divisent facilement, si ce n'est tout naturellement, du moins sous un effort relativement faible. Cette propriété de se diviser en lames plus ou moins épaisses ne suffit du reste pas pour faire classer les roches parmi les Schistes, il faut encore qu'elles aient une composition déterminée.

Les Schistes sont des silicates d'alumine hydratés, ne se délitant pas dans l'eau, ce qui les différencie nettement des argiles; les proportions de leurs divers composants sont très-variables, d'autant plus que souvent des éléments secondaires viennent se joindre à l'élément essentiel. Les Schistes ne sont, à vrai dire, que le produit du lavage ultime des roches que nous avons étudiées sous les noms de roches roses et de roches cristallophylliennes.

Le Schiste est infusible au chalumeau ; il se transforme en argile lorsqu'il entre en décomposition; il fait rarement ou fort peu effervescence avec les acides; sa structure est essentiellement feuilletée, toutefois on en rencontre de compactes, son aspect est terreux ou terne, sa couleur fort variable, à cause de la diversité de ses éléments secondaires, il est à noter que sa couleur est uniforme; — la densité des Schistes est variable, c'est ainsi que j'ai constaté que celle des Schistes de la Villate variait de 2,62 — 2,85.

Les variétés de schistes sont :

Le Schiste **Coticule** qui renferme un grand excès de silice, ce qui le fait employer comme pierre à aiguiser.

L'**Ampelite** est une roche schisteuse riche en carbone et qui doit son nom à l'emploi qui en était fait pour préserver la vigne de certains insectes.

Le Schiste **Bitumineux** est riche en carbures d'hydrogène, aussi le distille-t-on pour la fabrication du gaz d'éclairage.

Le Schiste **Mâclifère** renferme de nombreux cristaux de mâcle.

Le **Calschiste** résulte du mélange de lames de Schistes et de feuillets de calcaire; il fait effervescence aux acides.

L'**Ardoise** ou **Phyllade** est un schiste qui se débite très-facilement en lames peu épaisses; il est à remarquer que généralement le débit de ces lames se fait plus ou moins obliquement au plan de stratification de la roche.

Le Schiste **grossier** diffère du précédent en ce qu'il se divise moins facilement en feuillets.

Le Schiste **Argileux** n'est, à proprement parler, qu'un Schiste en décomposition qui a perdu sa ténacité et commence à se délayer dans l'eau.

La **Gorre** est une roche argileuse et noirâtre, mélangée de charbon, à structure schistoïde, présentant de nombreuses empreintes végétales. La rencontre de la Gorre indique la proximité des couches de combustible.

Enfin, on donne le nom de Schistes **Micacés** et **Serpentineux** à ceux qui renferment une proportion notable de Mica ou de Serpentine.

La Bretagne et la Normandie sont très-riches en Schistes; près de nous, on rencontre le Schiste argileux, entre l'école et le bourg de Nozay. Le Schiste grossier est exploité aux carrières de la Grande-Haie et de la Villate; le Schiste ardoisier l'est à Derval, Pierric, Saint-Vincent-des-Landes et le Grand-Auverné. Le Schiste Mâclifère se rencontre aux confins des communes de Marsac et de Vay.

On donne les noms de **Lehm** ou **Loess** à un dépôt limoneux, de couleur jaunâtre, constitué par de l'argile mêlée de sable quartzeux, fin, micacé, d'un peu d'oxyde de fer et de carbonate de chaux, et renfermant des concrétions calcaires, qu'on rencontre sur le versant de certaines montagnes ou sur des plateaux, comme aux environs de l'ancienne école d'agriculture de la Saulsaie (Ain). Ce dépôt appartient au terrain quaternaire.

ROCHES FRAGMENTAIRES.

On donne le nom de **Blocs erratiques** aux roches plus ou moins volumineuses qui, ayant été détachées, le plus souvent par l'action des glaciers, des massifs sur lesquels ces glaciers reposaient, ont été transportées à de grandes distances par ces glaciers et ont été abandonnés à la suite de la fusion de ceux-ci. Ces blocs erratiques sont striés et polis sur une de leur surface au moins.

Les **Cailloux** sont des débris de moindres dimensions qui ont pu prendre naissance sur le lieu même où on les observe, par suite de la désagrégation de la roche sous-jacente, ou qui ont été entraînés au loin par des courants aqueux; dans ce dernier cas, leurs angles sont émoussés, arrondis et ils prennent le nom de cailloux roulés; — enfin on donne le nom de **Galets** à des blocs, variant de la grosseur du poing à celle de la tête d'un gros animal, dont les angles ont été émoussés et dont deux faces ont été usées plus ou moins parallèlement par suite d'un roulement long et énergique par les lames des rivages de la mer.

Lorsque les roches ont été atténuées et non cimentées, elles prennent les noms de **Graviers** ou de **Sables.** Les Graviers varient de la grosseur d'une noisette à celle d'une noix. Le nom de Sables est donné à tous les grains plus petits.

La nature des roches fragmentaires donne les variétés; c'est ainsi que les blocs erratiques peuvent être quartzeux, calcaires, granitiques, gneisseux, doritiques, schisteux, etc. Les roches fragmentaires cimentées prennent les noms de **Poudingues,** lorsque leurs angles ont été arrondis par le frottement. Ce nom de Poudingue doit être suivi de qualificatifs indiquant le nom des blocs qui les forment et le ciment qui les réunit; ainsi, l'on trouve des Poudingues granitiques à ciment siliceux; toutefois le ciment du Poudingue n'est jamais calcaire, la dénomination de **Gompholite** étant réservée pour les blocs réunis par cette sorte de ciment.

Le nom de **Pséphite** est particulièrement attribué aux gros fragments de Schistes, Micaschistes ou Gneiss englobés dans une pâte argiloïde ou schisteuse.

On appelle **Nagelflue,** un conglomérat composé de galets calcaires et grésiques avec Quartz, granite, Gneiss, Serpentine, etc., réunis par un ciment calcaire marneux, de teinte variable, qu'on rencontre dans les dépôts tertiaires, au pied des Alpes.

Enfin on donne le nom de **Tuffa** aux débris volcaniques remaniés ou transportés par les eaux, réunis ensuite et soudés par un ciment plus ou moins argileux.

On appelle **Brèches** les roches fragmentaires empâtées qui ont conservé la vivacité de leurs arêtes. La dénomination de Brèche doit être suivie d'un qualificatif indiquant la nature des blocs empâtés; ainsi l'on trouve des Brèches calcaires, granitiques, siliceuses.

On appelle Brèches osseuses des fragments de calcaire mélangés de débris de dents et d'os de vertébrés reliés par un ciment ferrugineux, argilo-sableux ou argilo-calcaire que l'on trouve en couches plus ou moins puissantes, soit dans certaines grottes, soit dans les fentes de quelques montagnes calcaires, telle est la Brèche osseuse du Crot-du-Charnier, à Solutré, près Mâcon.

Lorsque les roches fragmentaires sont atténuées et cimentées, elles prennent le nom général de **Grès** qui s'applique cependant plus spécialement à des grains de Quartz réunis par un ciment siliceux ou calcaire.

Les Grès prennent les noms de :

Arkoses, lorsque les grains sont de deux sortes, Feld-spath et Quartz, avec ou sans Mica, réunis par un ciment siliceux; les Arkoses ont pour origine la décomposition des roches granitiques dont les éléments ont été réunis par suite d'une action hydrothermale.

Psammites, lorsque leur structure est schistoïde et que leurs grains sont de Quartz mélangé de Mica.

Macigno, lorsque les grains sont quartzeux et calcaires associés. Le Macigno est plus particulier à l'Italie.

Molasse, lorsque le Grès renferme des grains de Psammite réunis par un ciment calcaire. La consistance de la molasse est très-variable; elle appartient aux terrains tertiaires.

Grauwacke, lorsque leur origine est ancienne, qu'ils sont de couleur sombre et formés par des grains de Quartz, de Feld-spath et de Schiste plus ou moins micacé. La Grauwacke passe facilement au Schiste par atténuation de ses éléments.

Mimophyre, lorsqu'ils ont un aspect porphyroïde, résultant de la présence de cristaux de Feldspath plus ou moins entiers dans une Arkose ou un Grès rouge.

Grès polygénique, lorsque les grains du Grès appartiennent à des espèces minéralogiques très-variées.

Les diverses roches fragmentaires sont abondantes tout autour de nous.

Les cailloux, les graviers et les sables sont abondants au sud de Nozay, au Pont de Trénou et près de Derval.

Les Poudingues et les Brèches à ciment ferrugineux se rencontrent dans les environs de la Grustière, à l'ouest de Nozay.

Les Pséphites se rencontrent à Sion.

Les Psammites à Languin.

La Grauwacke à Montrelais.

Dans la description des couches géologiques nous trouverons le nom générique de Grès accolé à des qualificatifs divers, indiquant le plus généralement des étages géologiques ou des manières d'être toutes spéciales, tels sont : le vieux Grès rouge, le Grès vert, le Grès houiller, etc.

TABLE ALPHABÉTIQUE.

R.F. BIBLIOTHÈQUE NATIONALE IMPRIMÉS

BAR-LE-DUC, IMPRIMERIE CONTANT-LAGUERRE.

A la même librairie

PRÉCIS
DU
COURS D'ÉCONOMIE POLITIQUE
Professé à la Faculté de droit de Paris

CONTENANT
AVEC L'EXPOSÉ DES PRINCIPES
l'analyse des questions de législation économique

Par Paul CAUWÈS
PROFESSEUR AGRÉGÉ

2 volumes in-8° (1879-1880)........... **16** fr.

RÉPERTOIRE GÉNÉRAL
DES ATTRIBUTIONS & DE LA COMPÉTENCE
DES MAIRES
ET DES
CONSEILLERS MUNICIPAUX
Par Jules REYBET
ANCIEN SECRÉTAIRE EN CHEF DE MAIRIE

1 volume in-12........................... **4** fr.

BAR-LE-DUC, IMPRIMERIE CONTANT-LAGUERRE.

www.ingramcontent.com/pod-product-compliance
Ingram Content Group UK Ltd.
Pitfield, Milton Keynes, MK11 3LW, UK
UKHW031852260826
14628UKWH00002B/720

9 782014 113822